Ludwig Henkelmann

Letzte Unruhe

Ludwig Henkelmann

Letzte Unruhe

Begegnungen am Rande des Lebens

Erlebnisse eines Friedhofgärtners

Eifeler Literaturverlag 2019

Impressum

1. Auflage 2019

Printed in Germany

Eifeler Literaturverlag
Verlagsgruppe Mainz
Süsterfeldstraße 83
52072 Aachen
www.eifeler-literaturverlag.de

Gestaltung, Druck und Vertrieb:
Druck & Verlagshaus Mainz
Süsterfeldstraße 83
52072 Aachen
www.verlag-mainz.de

Abbildungsnachweis (Umschlag):
Privatarchiv des Verfassers

ISBN-10: 3-96123-002-1
ISBN-13: 978-3-96123-002-0

Eines lege ich euch allen ans Herz:
Leben und Tod sind eine ernste Sache.
Schnell vergehen alle Dinge.
Seid ganz wach,
niemals achtlos,
niemals nachlässig.

Aus dem Zenbuddhismus

HERR, lehre mich doch,
dass es ein Ende mit mir haben muss
und mein Leben ein Ziel hat
und ich davon muss.

Psalm 39, Vers 5

Inhalt

1. Kapitel:

Kreuzweg – Unerreichtes Ziel

Die Koffer waren gepackt und in den Kofferraum des VW Golf verstaut worden. Lange hatten sie von dieser Reise geträumt, lange war sie von ihnen geplant worden. Nun endlich konnte es losgehen. Die Sonne Spaniens hatte gerufen und sie wollten diesem Ruf folgen.

Jürgen und Karla hatten vor vier Monaten geheiratet obwohl sie erst 19 und 21 Jahre alt waren. Recht unüblich in der heutigen Zeit, aber sie waren sich sicher, dass ihre Liebe von Dauer sein würde und so gaben sie sich das Eheversprechen. Sie arbeiteten in der gleichen Firma und hatten sich dort auch kennen gelernt.

Marc und Stefan waren Jürgens beste Freunde. Lange schon verbrachten sie einen Großteil ihrer Freizeit zusammen und bis hierhin hatte auch Jürgens Liebe zu Karla der Freundschaft der drei jungen Männer nichts anhaben können.

Oft ist es ja so, dass Freundschaften langsam auseinander gehen, wenn der ein oder andere sich verliebt und eine Liebesbeziehung eingeht. Jürgen,

Marc, Stefan und Karla hatten sich vorgenommen diesen so oft eintretenden Fall nicht zu zulassen.

Jürgens Mutter und noch mehr Karlas Eltern hatten den beiden Jungvermählten geraten, den ersten gemeinsamen Urlaub doch lieber allein als junges, verliebtes Paar zu verbringen. Es sei nicht gut und werde ihrer Beziehung sicher nicht dienlich sein, die beiden Freunde mit auf die »Hochzeitsreise« zu nehmen. Doch alle Einwände nutzten nichts.

Schließlich verzichteten die Eltern auf weitere gute Ratschläge in diese Richtung. Die jungen Leute müssen letztlich ihre eigenen Erfahrungen machen.

Nun also war der Tag gekommen. Es konnte losgehen. Als letztes waren die vier noch zu Jürgens Mutter gefahren um sich zu verabschieden und vernahmen dort von ihr dieselben Mahnungen, doch ja vorsichtig zu fahren und bloß aufzupassen, dass ihnen nichts passiere, wie sie sie zuvor schon von den anderen Eltern mit auf den Weg bekommen hatten. Und natürlich versuchten sie auch Jürgens Mutter mit dieser – den jungen Leuten eigenen Unbekümmertheit – zu beruhigen. Was soll denn schon passieren? In vierzehn Tagen sind wir wieder da und dann gibt es viel zu erzählen.

Wenn man im Aachener Raum wohnt und mit dem Auto Richtung Südfrankreich oder Spanien fahren will, tun sich einem zwei Möglichkeiten auf: Entweder man fährt in Aachen auf die Autobahn nach Belgien und hält sich bei Verviers Richtung Trier und Luxemburg um dann in Frankreich bei Metz auf die französische Route National zu gelangen oder aber, man wählt den beschaulicheren Weg durch die belgische Eifel nahe St. Vith um über Land nach Luxemburg, später nach Metz zu kommen.

Viele, die Richtung Süden aufbrechen, wählen die zweite Strecke. Wer mit offenen Sinnen unterwegs ist und durch die Eifel der Nacht und Frankreich entgegen fährt, kann sich der eigentümlichen Stimmung nicht entziehen, die sich dort einstellt. Auf eine verlockende Weise ist es gut, eine lange Reise langsam zu beginnen und so lässt diese Strekke durch die kurvenreiche Eifel ein wenig Zeit fürs Abschiednehmen. Das Kilometerfressen, das Schnellankommenwollen – das kommt erst später, wenn die Autobahn erreicht ist. Mir ist es selber schon so gegangen als ich, ebenfalls auf dem Weg nach Spanien, schon nach einer guten halben Stunde Fahrtzeit auf einer Anhöhe in der Nähe eines verschlafenen belgischen Dorfes anhielt um genüsslich eine Zigarette zu rauchen, den Sonnenuntergang und die Schönheit der Landschaft zu genießen und mich leicht wehmütigen Gedanken hinzugeben.

Auch Jürgen, Karla, Stefan und Marc wählten an diesem Abend im Juli 1998 diese Strecke. Bewusst oder unbewusst aus den Gründen die ich oben beschrieben habe.

Damian Maertens hatte keinen leichten Tag gehabt. Den ganzen Tag über hatte er mit seinem Geländewagen in so manchem Stau gestanden. Mal war es ein Unfall gewesen der seine Fahrt unterbrochen hatte, ein anderes Mal eine Schafherde, die die Straße kreuzte. Und überhaupt hatte er an diesem Tag den Eindruck, die halbe belgische Bevölkerung sei genau da mit dem Auto unterwegs, wo er mit seinem Wagen hin musste. Zuletzt als er sich gerade zu Hause gemütlich zum Feierabend einrichten wollte, hatte ihn ein Anruf seines besten Freundes noch um das allabendliche Bierchen gebracht.

Dessen Auto war kurz vor St. Vith liegen geblieben und er hatte keine andere Wahl gehabt, als von der Telefonzelle aus seinen Freund Damian anzurufen. Der war bekannt dafür, so ziemlich jeden Wagen wieder flott zu bekommen. Auf jeden Fall aber, konnte er mit seinem riesigen, starken Nissan Patrol jedes liegengebliebene Auto mühelos abschleppen. So auch an diesem frühen Juliabend.

Der alte Renault seines Freundes Freddy hatte den Geist aufgegeben und hier und heute war ihm auch kein neues Leben mehr einzuhauchen. Da brauchte es Zeit, Muße und vernünftiges Werkzeug; so viel war Damian Maertens nach den ersten Startversuchen des Renault klar geworden. Nichts also für den Straßenrand und schon gar nichts für die Dämmerung, die langsam hereinbrach.

Schnell war das Abschleppseil zur Stelle und der große Geländewagen vor den Renault gespannt. Es war ein leichtes für Damian Maertens mit seinem schweren Diesel den kleinen R5 seines Freundes nach Hause zu ziehen. Man verabredete sich für den nächsten Abend. Dann würde man dem alten Karren schon zu Leibe rücken. Schließlich war er ja dafür bekannt, jedes Vehikel wieder flott zu bekommen.

Warum Damian Maertens auf dem Nachhauseweg am Ortsausgang von St. Vith an der Kreuzung den von links kommenden VW Golf übersah, ob ihn etwas abgelenkt hatte oder er seinen Gedanken nachhing – er vermochte es später bei der polizeilichen Befragung nicht zu beantworten. Er wusste es nicht.

Die Wucht des Aufpralls jedenfalls und die Masse des Geländewagens zertrümmerten den Golf fast völlig. Die Schreie der Insassen hörte Damian nicht, geschweige denn das letzte leise Stöhnen von Jürgen, der einige Sekunden länger gelebt hatte als seine Frau und seine Freunde.

Als ich Jahre später als Friedhofsgärtner arbeitete und mehr oder weniger im Vorbeigehen auf Jürgens Grabstein aufmerksam wurde, schreckte ich zurück.

Jürgen Grienhaus? Das ist doch der jüngere Bruder von Helmut Grienhaus, meinem Freund aus Jugendtagen! Das gibt es doch nicht! Und dann sah ich, dass rechts und links von ihm seine Frau und seine Freunde bestattet worden waren. Alle vier das exakt selbe Sterbedatum. Ich fragte meinen Kollegen und der erzählte mir etwas von einer Spanienreise, einem Unfall in Belgien und einer ergreifenden und unendlich traurigen vierfachen Beerdigung.

Wieder ein, zwei Jahre später musste ich in Jürgens Grab die Urne seines Vaters beisetzen.

Noch einige Zeit später traf ich Jürgens Mutter am Grab ihres Mannes und ihres Sohnes. Vorsichtig versuchte ich mit ihr ins Gespräch zu kommen. Den Tod ihres Mannes hatte sie recht gut verkraftet, da er sich durch ein langes und schweres Leiden früh angekündigt hatte. Am Ende habe dieser sich den Tod gewünscht und als Erlösung von seinem Leiden betrachtet. Auch sie habe das nicht mehr anders sehen können. Aber den Tod ihres Sohnes, der ja nun schon einige Jahre länger zurücklag, den konnte sie nicht überwinden. Mitten aus dem Leben gerissen sein, dazu auf einer harmlosen Urlaubsfahrt, die ja zudem noch die Hochzeitsreise sein sollte, das konnte sie nicht ertragen. Was hatte der Tod auf solch einer Reise zu suchen? Wer hatte das Recht, ihrem Sohn die Schnur des Lebens ganz am Anfang abzuschneiden?

Sie erzählte von dem Prozess gegen Damian Maertens in Belgien, von dem Unrecht das ihr widerfahren sei, von den immensen Kosten, die sie für Anwälte und Übersetzer hatte aufbringen müssen und von einem lächerlichen Urteil. Einmal während des Prozesses hätte sie genau gesehen, dass Damian Maertens gegrinst habe. Einer der bei so etwas lache, könne kein Gewissen haben. Ein solcher gehöre lebenslang eingesperrt. Ob ich mir vorstellen könne noch jemals lachen zu können, wenn ich vier Menschen auf dem Gewissen hätte? Ich schüttelte den Kopf und erschauderte bei der Vorstellung am Tod auch nur eines Menschen schuldig zu sein.

Frau Grienhaus muss all das unendlich oft erzählt haben. Immer wieder steigerte sie sich beim Erzählen in Einzelheiten der Tragödie. Vielleicht glaubte sie so das Ganze eines Tages verarbeiten zu können. Jedoch hatte ich den Eindruck, dass sie das unablässige Wiederholen des schrecklichen Ereignisses daran hinderte einen Anfang vom Ende ihres Leides zu machen. Wie auch immer – mir blieb nicht mehr als wirklich aufrichtige Anteilnahme zu zeigen.

Im Jahre 2012 kam mir Frau Grienhaus wieder in Erinnerung. Die Nachricht eines verunglückten belgischen Busses in einem Tunnel in der Schweiz bei dem 28 Menschen ums Leben gekommen waren, schockte nicht nur mich, sondern einige Tage wohl ganz Deutschland und das benachbarte Belgien sowieso. Wahrscheinlich hatte die Assoziationskette Belgien – *Unfall* – viele Tote die Erinnerung an die Geschichte Jürgen Grienhaus' bei mir wachgerufen.

Jedenfalls war es der Polizei auch nach intensivsten Ermittlungen nicht gelungen die Ursache des Unfalls – der Bus war frontal gegen eine Tunnelwand geknallt – zu klären. Der Busfahrer war ein erfahrener, gewissenhafter Mann gewesen. Er hatte die vorgeschriebenen Fahrtzeiten nicht überschritten und stand nicht unter Alkoholeinfluss. Ebenso hatte das Busunternehmen eine sehr gute Reputation, das Fahrzeug war in einem tadellosen technischen Zustand und war nachweislich regelmäßig gewartet worden. Akutes technisches Versagen konnte ebenfalls ausgeschlossen werden. Was wirklich Sekunden vor dem furchtbaren Aufprall passiert ist, darüber kann man nur spekulieren.

Vermutlich ist der Fahrer des Busses für eine Sekunde oder einen Bruchteil unachtsam gewesen und diese kleine Unachtsamkeit, hatte die Katastrophe zur Folge gehabt. Mir wurde schlagartig bewusst, wie oft ich selbst mit dem PKW unterwegs bin und mich dabei hin und wieder bei einer Unachtsamkeit ertappe. Zum Glück waren meine »Aussetzer« immer ohne Folgen geblieben. Der belgische Busfahrer hatte dieses Glück nicht. Seine mutmaßliche Unachtsamkeit kostete ihn sein eigenes und das Leben von 27 weiteren Menschen.

Ich stellte mir vor, er wäre am Leben geblieben und man hätte ihn zur Verantwortung gezogen. Ich stellte mir weiterhin vor, ich wäre sein Richter gewesen und hätte ihn verurteilen müssen. Ich hätte ihn schuldig sprechen müssen für ein Fehlverhalten, dessen ich mich oft selber schuldig mache, nur zufällig ohne die schrecklichen Folgen. Ich hätte ihn nicht verurteilen können, ohne mich selber als schuldig in der gleichen Angelegenheit zu betrachten. Über diesen Gedanken wurde mir klar, dass es Dinge zwischen Himmel und Erde gibt, für die es keine Erklärung zu geben scheint. Vielleicht ist es das, was man gemeinhin Schicksal nennt. Niemand weiß, was den Fahrer des Busses dazu veranlasst hat, es in dieser entscheidenden Sekunde an der Aufmerksamkeit mangeln zu lassen, die ihn doch bis hierher so ausgezeichnet hatte und niemand, nicht einmal er selber, kann erklären, was Damian Maertens den roten VW Golf übersehen ließ, an dieser Kreuzung in der Nähe von St. Vith an diesem Abend im Sommer 1998.

Wahrscheinlich wird er sich oft gefragt haben, wieso er nochmal losgefahren ist, um seinem Freund zu helfen. Hätte man das defekte Auto nicht auch am nächsten Tag abschleppen können? Und vielleicht hatten die vier jungen Leute ja auf derselben Anhöhe bei demselben verschlafenen Dorf eine Zigarette geraucht und den Sonnenuntergang genossen, wie ich damals auf meinem Weg nach Spanien und sicher hätten sie genau diese Verzögerung im Ablauf der Dinge bedauert, wenn sie noch Zeit dazu gehabt hätten.

Vielleicht erschließt sich der Sinn dieser Geschichten erst in einer anderen Welt, einer die uns wie auf einem ewigen Bild alle Zusammenhänge als Ganzes erkennen lässt. Und vielleicht hilft uns dieses erste Vielleicht ja, den Film des Weltgeschehens nicht auf das kleine Stück zu reduzieren in dem wir eine kleine Rolle einnehmen, deren Sinn im Ganzen wir aber nicht ermessen können.

Wenn wir an diesen Punkt gelangt sind haben wir gelernt zu vertrauen und unser Dasein nicht mehr nur aus für uns sichtbaren Zusammenhängen zu deuten, sondern es anzunehmen als Teil eines letztlich guten und ewigen Planes.

Und noch ein letztes Vielleicht: Vielleicht gelingt es dann auch Frau Grienhaus in der schweren Last die ihr zu tragen abverlangt ist, nicht nur das Schwere, nicht nur das erfahrene Unrecht zu sehen, sondern auch die Würde die jedem innewohnt der eine schwere Last zu tragen hat. Es gibt kein würdevolleres Antlitz als das des sterbenden, unsere Schuld tragenden Christus am Kreuz – jedenfalls dann, wenn all die Darstellungen von ihm stimmig sind, die so viele Grabsteine, Denkmäler und Wegkreuze zieren. Leiden heißt auch – so schwer das auch zu verstehen ist –, gewürdigt zu sein. Gewürdigt zu sein, Schweres tragen und ertragen zu können. In diesem Sinne kann Leid einen Menschen adeln und es bleibt Frau Grienhaus zu wünschen, dies zu entdecken und den Frieden zu finden, der alles Unrecht und alles Leid übersteigt und der, wie die Heilige Schrift sagt, höher ist als alle Vernunft. Bis dahin aber obliegt uns die Pflicht solche Menschen zu trösten, ihr Leid mitzutragen, ihnen mit Respekt zu begegnen.

2. Kapitel:

Vielleicht – Die drei oder mehr Leben der Katharina Markiewski

Die Urne Katharina Markiewskis trug den üblichen Aufdruck des Krematoriums:

GEBOREN AM:
GESTORBEN AM:
EINGEÄSCHERT AM:

Mein Chef hatte mir die Urne morgens in die Hand gedrückt, mit den Worten: »Da kommt keiner, die kannst du einfach bestatten, wenn du Zeit hast. Du brauchst dich nicht nach einer Uhrzeit zu richten.«

Man muss wissen, dass das Krematorium die Urnen per Post verschickt – wie auch sonst. Es wäre ja unmöglich, jede Urne persönlich bei den Friedhofsverwaltungen oder Bestattern abzugeben. Seltsam und unwürdig finde ich es trotzdem. Schließlich handelt es sich um die Überreste eines Menschen, die so in einen Karton verpackt, mit Porto und Stempel versehen, auf den Weg geschickt werden. Doch so ist es nun mal. Ich nahm die Urne mit der Asche Katharina Markiewskis unter den Arm und stellte sie in meinen Dienstwagen in den Fußraum des Beifahrersitzes.

Nachdem ich die Arbeiten erledigt hatte, die am Vortag liegen geblieben waren, machte ich mich daran, die Grube für die sterblichen Überreste Katharina Markiewskis auszuheben. Im Hintergrund mähte ein Mitarbeiter eines von der Stadt beauftragten Unternehmens den Rasen des Friedhofes.

Als ich das Grab tief genug ausgehoben hatte und die Urne in die Hände nahm um sie zu bestatten, schaltete der Kollege, der sich mittlerweile nah an mich herangearbeitet hatte, den Mäher aus und meinte: »Ich glaube jetzt hier weiter Krach zu machen, passt nicht so wirklich.«

Ich hatte schon des Öfteren solch wirklich anonyme Bestattungen durchgeführt und auch mich hatte dabei jedes Mal eine merkwürdige Andacht und Nachdenklichkeit ergriffen. Oft fühlte ich mich nicht berechtigt, diesen letzten Akt allein für einen mir wildfremden Menschen zu vollziehen. Nun, diesmal stand ich wenigstens nicht allein hier.

Zwei Friedhofsgärtner als Trauergesellschaft für Katharina Markiewski; für einen Menschen, der den beiden völlig unbekannt war. Ich warf einen Blick auf den Aufdruck des Krematoriums:

Katharina Markiewski
Geboren am: 27. 9. 1914
Gestorben am: 19. 10. 2007
Eingeäschert am: 23. 10. 2007

Ich hielt also die Überreste von gut 93 Jahren Leben in meinen Händen. Das kann einem schon ganz schön nah gehen, weil man spürt, dass man einen irdischen Schlussstrich unter das Leben eines Menschen zieht, den man überhaupt nicht gekannt hat und dessen Lebensdauer allein einen schon ehrfürchtig macht. Viele Fragen tauchen da in einem auf.

Wo hat diese Frau eigentlich zuletzt gewohnt? Sicherlich in einem Altenheim. Aber wo ist der Mensch, der bis zum Ende ihres Lebens an ihrer Unterbringung Geld verdient hat? Wo ist der? Warum ist der nicht hier? Und wenn schon nicht er, warum nicht die Pflegerin, die die alte Dame bis zum Schluss betreut hat? Hatte wirklich niemand Zeit, ihr die letzte Ehre zu erweisen? Ist sie wirklich darauf angewiesen, dass ihr dies zwei völlig fremde Menschen tun und dass auch noch von Amtswegen? Mir fiel auf in welch einem riesenhaften Gegensatz die 93 Lebensjahre Frau Markiewskis standen zu der halben Stunde Zeit, die es den Heimleiter gekostet hätte an ihrer Beerdigung teilzunehmen. 93 Jahre, das sind 1629360 halbe Stunden! Doch man kommt nicht weit, wenn man den Menschen Vorwürfe macht und es hilft auch keinem. Ich bestattete die Urne der Frau, doch ihre Geschichte sollte mich noch länger beschäftigen.

Der nächste Tag war dienstfrei und ich hatte eine längere Autobahnfahrt vor mir. Da fiel mir wieder das Begräbnis von Frau Markiewski ein und ich dachte darüber nach, was sie wohl alles erlebt haben mochte in ihrem langen Leben.

1914 geboren, hatte sie den ersten Weltkrieg wohl nicht mehr bewusst miterlebt. Dafür die goldenen Zwanziger, die wie ich von meiner Großmutter wusste, nur für einige wenige Leute golden waren.

Katharinas Eltern kamen ursprünglich aus Hannover, hatten sich aber 1912 im Ruhrgebiet niedergelassen, weil der Vater dort in der Zeche eine Arbeit als Hilfselektriker gefunden hatte. Schnell lebten sich die Eltern in der neuen Heimat ein. Das Ruhrgebiet war ja schon immer ein Schmelztiegel vieler Menschen, die aus dem In- und Ausland der Arbeit wegen dorthin gezogen waren. Davon sollte auch später der Name des Mannes zeugen, mit dem sie die Ehe einging.

Die zwanziger Jahre erlebte Katharina als Kind. Die Kindheit war damals nicht das, was sie heutzutage ist. Viele Pflichten warteten auf sie neben der Schule. Die Geschwister mussten gehütet werden, weil die Mutter bei reichen Leuten im Haushalt beschäftigt war. An eine Ausbildung war als Mädchen nach der Schule nicht zu denken. So nahm sie Arbeit als Küchenhilfe im nahegelegenen Krankenhaus an, womit ihr zumindest eine langer Marsch zur Arbeit erspart blieb, im Gegensatz zu ihrer Freundin Elisabeth, die jeden Morgen einen Fußmarsch von einer Dreiviertelstunde zurücklegen musste um ihre Arbeitsstelle zu erreichen.

Katharina konnte, wie es damals üblich war, nur einen kleinen Teil ihres Geldes selber behalten. Ein Großteil davon musste zum Familienunterhalt beigesteuert werden. Später, Anfang der 1930 Jahre floss alles in die Familienkasse, da ihr Vater 1931 gestorben war.

1933 dann, lernte sie Paul Markiewski kennen. Er arbeitete in einem Gemüsegroßhandel und belieferte mehrmals wöchentlich das Krankenhaus, in dem Katharina arbeitete, mit Gemüse. Oft hat sie später daran gedacht, dass dieses für die Welt doch so verhängnisvolle Jahr, für sie der Beginn einer glücklichen Beziehung darstellte, der letztlich auch der Krieg nichts anhaben konnte.

1935 heiratete Katharina ihren Paul und gebar 1936 ihren Sohn Erwin. Kurz vor dem Polenfeldzug 1939 kam Wilhelmine zur Welt. Paul, Jahrgang 1912, musste 1939 an die Ostfront, später dann erlebte er die Invasion der Alliierten als Soldat der Wehrmacht in der Normandie. Er wurde gefangen genommen und verbrachte drei Jahre in britischer Gefangenschaft zuerst in Frankreich, später in England. Anfang 1948 kam er nach Hause.

Katharina hatte mit viel Mut, Hoffnung und der den Trümmerfrauen so eigenen Energie die Kinder durch die Bombennächte und die ersten schweren Nachkriegsjahre gebracht. Einige Zeit nach Pauls Rückkehr, wurde ihnen klar, dass es jetzt nur noch aufwärts gehen konnte. Das Ruhrgebiet, von britischen und amerikanischen Bombenangriffen in Schutt und Asche gelegt, musste ja irgendwie wiederaufgebaut werden.

Sie hatten Glück. Anfang der 1950er Jahre konnte ihr Paul bei der Zeche Arbeit bekommen und arbeitete sich im Laufe der Zeit zum Betriebsmeister hoch. Er verdiente gutes Geld. Wirtschaftswunder-Deutschland. Konrad Adenauer regierte das Land mit Umsicht und der ihm eigenen Schläue und rheinischen Raffinesse. Als Mitte der fünfziger Jahre durch seine beharrliche Politik die letzten Wehrmachtssoldaten aus russischer Gefangenschaft entlassen wurden, befand er sich auf dem Höhepunkt seiner Popularität.

Paul war Zeit seines Lebens froh und dankbar, dass ihm die russische Gefangenschaft und damit Sibirien erspart geblieben war. Die britische Gefangenschaft war ja vergleichsweise harmlos gewesen.

Erwin wurde Elektriker und auch er war bei der Zeche beschäftigt. 1959 kam er bei einem Verkehrsunfall ums Leben. Katharina und Pauls Liebe aber überstand auch diesen Schicksalsschlag.

Wilhelmine wurde Floristin und heiratete später ihren Chef. Sie führten bis zu Wilhelmines Tod 1999 ein gut gehendes Blumengeschäft in der Nähe des Bahnhofes. Wilhelmine war eines morgens in ihrem Laden, nachdem sie ihn aufgeschlossen und das Wechselgeld in die Kasse gelegt hatte einfach tot umgefallen. Herzversagen sagten die Ärzte. Für Paul war der Tod Wilhelmines zu viel gewesen. Er starb vier Monate später.

Katharina beschloss daraufhin bald ihren Hausstand aufzugeben und in ein Altersheim zu ziehen.

Dort hatte sie noch einige ruhige, wenn auch traurige Jahre, denn auch sie konnte letztlich nicht verwinden, dass der Tod, wie sie sagte, die Reihenfolge nicht eingehalten und ihre Kinder vor der Zeit dahingerafft hatte.

Am 19.8.2007 schloss sie ein letztes Mal und für immer ihre Augen. Die Augen die es ihrem Paul 1933 so angetan hatten und die fast ein ganzes Jahrhundert lang den Lauf der Dinge beobachtet hatten. Einige Tage später wurde ihr Körper verbrannt und wieder einige Tage später wurde ihre Urne im Fußraum eines Lieferwagens zum Friedhof gebracht. Angehörige die sie zur letzten Ruhe hätten begleiten können, hatte sie nicht mehr und so waren zwei Friedhofsgärtner die einzigen Menschen, die ihrem Begräbnis beiwohnten. Der Kreis des Lebens der Katharina Markiewski hatte sich geschlossen – so schien es.

Oder:

1914 war sie geboren worden. Ihre Mutter war erst neunzehn Jahre alt als Katharina zur Welt kam, was in der damaligen Zeit eine Ungeheuerlichkeit darstellte. Ihr Vater oder besser ihr Erzeuger, war ein auf dem Weg zur Westfront durchreisender Soldat, der die Unerfahrenheit und Naivität ihrer Mutter ausgenutzt, sie verführt und geschwängert hatte. Katharina sollte ihn nicht nur nie kennenlernen, sie erfuhr auch zeitlebens nicht einmal seinen Namen.

Katharinas Großeltern verstießen ihre Tochter nicht, ließen sie aber jeden Tag ihren Fehltritt spüren und trieben sie damit in die Hände des nächsten Schuftes der sich ihrer annahm und ihr in rascher Reihenfolge weitere drei Kinder machte. Katharina blieb bei ihren Großeltern. Von ihrer Mutter hörte sie erst wieder, als ihre Großeltern benachrichtigt wurden, diese sei mit eingeschlagenem Schädel in ihrer Wohnung aufgefunden worden. Die inzwischen fünf Kinder ihrer Mutter wurden auf verschiedene Kinderheime verteilt, der Totschläger gefasst und für viele Jahre ins Zuchthaus gesteckt. Ihre Geschwister lernte sie niemals kennen.

Katharina hatte eine schwere Kindheit und Jugend, wie man sich angesichts ihrer Herkunft wohl denken kann. Nicht nur dass sie in Schule und Nachbarschaft als Bastard beschimpft wurde, auch ihre Großeltern bezeichneten sie als Last, als jemand der am besten nie geboren worden wäre. Ich glaube auf Katharina hätte man alle Klischees der modernen Pädagogik was Herkunft und soziales Umfeld angeht, anwenden können. Seien wir ehrlich – auch in unserer Zeit, die sich ja für aufgeklärt, tolerant und fortschrittlich hält, hätte Katharina nur eine geringe Chance ein selbstbestimmtes und selbstgestaltetes Leben zu führen. In den zwanziger und dreißiger Jahren des letzten Jahrhunderts hatte sie keine. Ihr Leben bewegte sich unaufhaltsam auf den Abgrund zu. Ähnlich wie ihre Mutter floh sie früh von ihren Großeltern. Ähnlich wie ihre Mutter warf sie sich dem erstbesten Dahergelaufenen an den Hals. Als die Engelmacherin in einer Hinterhofwohnung der Kölner Südstadt ihre Arbeit an Katharina beendet hatte, war sie gerade siebzehn Jahre alt. Damals wusste sie noch nicht, dass sie fortan nie Kinder würde bekommen können.

Bis Ende der dreißiger Jahre schlug sie sich mit allerlei Beschäftigungen durch. Sie verdingte sich nacheinander als Wäscherin, Küchenhilfe, Bedienung in einschlägigen Kneipen und ähnlichen Berufen. Da kam es gerade recht, dass die Justizbehörden Aufseherinnen für Frauengefängnisse suchten. Katharina lockten die Versprechungen der ausgeschrieben Arbeitsstelle: geregeltes Einkommen, geregelte Arbeitszeit, lebenslange Anstellung. Alles Dinge, die sie nur von Hörensagen kannte. Als ihr einige Zeit später der Vorschlag unterbreitet wurde, ihre Stellung als Wärterin in einem Kölner Frauengefängnis aufzugeben und gegen deutlich bessere Bezahlung in ein Frauenlager im damals so genannten Generalgouvernement, ein Gebiet das heute weite Teile Polens umfasst, zu wechseln, sagte sie ohne zu zögern zu. Sie hatte sowieso nichts, dass sie in ihrer Heimat hätte halten können. Und das Leben war doch ohnehin überall gleich. Warum also nicht das gute Angebot nutzen?

Zu dieser Zeit war Katharina Markiewski schon lange seelisch tot. Jahrelange Erniedrigungen und Entehrungen, Missbräuche, Abtreibungen und was sonst noch alles dazu beiträgt, die Seele eines Menschen zu Grunde zu richten, hatten sie zu einer Frau gemacht, die kein Mitleid empfand und deren Stellung anderen Menschen gegenüber die gleiche war, die man zeitlebens ihr entgegen gebracht hatte: Gleichgültigkeit . Das man sie später als roh, unbarmherzig und grausam bezeichnete, hatte wohl hier seinen Ursprung.

Sie zählte unter den Häftlingen im Lager nicht zu den Aufseherinnen, die von sich aus grausam und sadistisch handelten. Wohl aber zu denen, die jeden Befehl unbarmherzig ohne die Folgen zu bedenken ausführten. Sie hatte in ihrem Arbeitsbereich für einen reibungslosen Ablauf zu sorgen. Das tat sie. Katharina Markiewski wusste nichts von Empathie und Mitgefühl. Sie tat ihre Arbeit und wurde dafür entlohnt.

Als alles zusammen gebrochen war, gelang ihr die Rückkehr in ihre Heimatstadt Köln. Anschluss fand sie aber auch dort nicht mehr und als man sie später vor Gericht für ihr Tun zur Verantwortung zog, wusste sie eigentlich nicht warum und weshalb. Die Jahre im Zuchthaus machten sie noch gleichgültiger dem Leben gegenüber.

Im so genannten Wirtschaftswunder gab es auch Arbeit für Menschen wie Katharina Markiewski. Sie verdiente ihr Geld als Hilfsarbeiterin mit dem Verpacken von Parfüm.

Als in den siebziger Jahren Maschinen ihre Arbeit zu tun begannen, arbeitete sie noch einige Zeit als Putzfrau in einer Grundschule bis sie Anfang der 1980er Jahre in Rente ging. Über ihre Tätigkeit in Polen hat Katharina nicht oft gesprochen, weil sie auch gar nicht verstand, was daran so groß anders gewesen sein sollte, als Parfüm zu verpacken und Fußböden zu wischen. Dort hatte man ihr gesagt was sie tun soll und hier war es nicht anders gewesen. Entkleidung beaufsichtigen, zur weiteren Behandlung weiterreichen, Kleider einsammeln, für reibungslosen, ungestörten Ablauf sorgen.

Kleine runde Glasflacons Kölnisch Wasser in ausgepolsterte Kartons stecken, Kartons verschließen, verkleben, weiterreichen zur Weiterverarbeitung. Den Takt und die Geschwindigkeit des Fließbandes beachten, den Ablauf nicht behindern. Wo war der Unterschied?

Männer hatte Katharina Markiewski viele in ihrem Leben. Geliebt hat sie nicht wirklich einen von ihnen. Und auch sie ist nicht wirklich geliebt worden. Kurt, der Fernfahrer der alle zwei Wochen zu ihr kam, wenn sie auf seinem Weg lag, war ein ganz netter Kerl gewesen. Sie wusste, dass auch noch andere Frauen auf seinem Weg lagen aber es störte sie nicht. Irgendwann blieb er einfach weg. Vielleicht war er ja irgendwo auf seinem Weg unter die Räder gekommen oder an die Kette gelegt worden. Wer konnte das wissen?

Mit Franz, dem Staplerfahrer aus der Parfümfabrik hätte es vielleicht etwas werden können, wenn er nicht immerzu gesoffen hätte. Als er eines Tages versuchte sie zu schlagen, er war viel zu betrunken um es wirklich zu tun, lachte sie ihn aus und setzte ihn vor die Tür. Gefallen lassen hat sie sich nichts mehr von den Männern. An viele Namen der Männer mit denen sie die ein oder anderer Episode hatte, erinnerte sie sich überhaupt nicht mehr. Wenn sie an ihre Verflossenen dachte, dann an »den der immer nach Knoblauch stank«, »an den Unrasierten« oder an »Kümmel« wie sie Mustafa immer genannt hatte.

Irgendwann konnte sie nicht mehr alleine Leben, weil ihre Beine und ihre Hüften nicht mehr wollten. Da musste sie ins Altenheim. Am schlimmsten war da für sie, dass sie das Zimmer mit einer anderen Frau teilen musste. Darunter litt sie bis zum Abend des 18. Oktober 2007. An diesem Abend schlief sie ein wie immer. Als sie einschlief, ahnte sie nicht, dass sie den nächsten Morgen nicht mehr erleben würde.

Katharina Markiewski war wohl eine Frau, die nicht vielen Menschen die ihr begegneten sympathisch gewesen ist. Vielleicht wäre ein anderer Mensch aus ihr geworden, hätte ihr Leben anders begonnen. Das soll nichts entschuldigen, gerade nicht die schlimmen Verbrechen, in die das Leben sie verstrickt hat. Aber dennoch bleibt doch, dass der Grund eines jeden Menschen nicht zu trennen ist von seinem Erleben. Keiner machte sich jedenfalls die Mühe an Katharinas Grab zu erscheinen. Sie wurde anonym bestattet. Kein Grabstein und keine Inschrift stehen über ihrem Grab und es kommt einem unwillkürlich der Gedanke, dass dieses Leben genauso gleichgültig und zufällig ein Ende gefunden hat, wie es begann. Aber möglicherweise hat Katharina sich ja auch ein anderes Leben gewünscht, vielleicht auch darüber nachgedacht was gewesen wäre, wären die Bedingungen anders gewesen. Man weiß es nicht und man wird es auch nicht mehr herausfinden können.

Oder:

Was man weiß ist, dass Katharina Markiewski am 27. September 1914 geboren wurde. Sie war das jüngste Kind ihrer Eltern Johannes und Elisabeth Steinhoff. Ihr Bruder Maximilian war drei, ihre Schwester Annegret fünf Jahre älter als sie. Ihr bewusstes Leben begann ungefähr gegen Ende des ersten Weltkrieges. Irgendwas hatte sie mitbekommen vom Geschehen der Zeit, irgendetwas, das später in den Geschichtsbüchern stehen sollte, etwas vom Kaiser der abgedankt hatte und der Republik die im fernen Berlin ausgerufen wurde.

Katharina fiel in der Schule auf durch Klugheit und Sensibilität für andere Menschen. Sie wuchs relativ behütet in dem kleinen Eifelstädtchen Euskirchen auf. Ihre Eltern legten, ebenso wie bei ihrer Schwester Annegret, Wert darauf, dass auch sie als Mädchen eine ordentliche Ausbildung machte.

Katharina wurde eine tüchtige Sekretärin und wurde zur guten Seele im Vorzimmer ihres Chefs, dem Leiter einer Dürener Zuckerfabrik. Dort lernte sie auch ihren ersten Mann kennen, einen feinsinnigen, leise sensiblen Menschen. Leider überlebte er nicht einmal die ersten Kriegswochen und folglich lernte er seine Tochter Eva nie kennen. Katharina war nun eine Kriegerwitwe. Irgendwie schaffte sie es aber, wie man es heute nennen würde, Beruf und Familie unter einen Hut zu bringen. Aufgrund ihres Fleißes, ihrer Zuverlässigkeit und ihres sympathischen Wesens war sie in ihrer Firma sehr beliebt und bei ihrem Chef hoch angesehen. Deshalb wurde manches Auge zugedrückt, wenn sie wegen ihrer Tochter das ein oder andere Mal der Arbeit fernbleiben musste.

Gegen Ende des Krieges wurde die Stadt Düren von alliierten Bombern nahezu vollständig zerstört. Auch Katharina musste ganz von vorne beginnen. Ihr ging es wie den meisten. Es war schwer, aber dennoch ging es langsam aufwärts. Auch die Zuckerfabrik wurde wieder aufgebaut und Katharina hatte bald wieder ihren alten Status in der Firma erreicht.

1954, Deutschland war gerade Fußballweltmeister geworden, heiratete Katharina zum zweiten Mal. Herbert Markiewski, wie sie 1914 geboren, arbeitete als Ingenieur in der gleichen Firma. Bei einer Betriebsfeier hatten sich die beiden näher kennen gelernt. Herbert Markiewski war an der Ostfront gewesen und hatte einige Jahre in sowjetischer Gefangenschaft zugebracht. Als er nach Hause kam, erfuhr er von Nachbarn, dass es seine Familie nicht mehr gäbe. Seine Frau und sein Sohn waren bei den schweren Bombenangriffen auf Düren ums Leben gekommen. Wenn auch Katharinas und Herberts Beziehung nicht die Liebe auf den ersten Blick zu Grunde lag, so wäre es aber dennoch falsch gewesen, ihre Ehe als reine Zweckgemeinschaft zu bezeichnen. Vielmehr waren gegenseitiger Respekt, unaufgeregte Zuneigung und gegenseitige Verlässlichkeit die bestimmenden Faktoren ihrer Ehe. Eva betrachtete genauso selbstverständlich Herbert als ihren Vater, wie dieser Eva an Kindes statt annahm. Aus ihr wurde später eine erfolgreiche Zahnärztin mit eigener Praxis. Sie heiratete nie.

Katharina, Herbert und Eva durchlebten ein typisch »bundesrepublikanisches« Leben. Wiederaufbau, Wirtschaftswunder, die Umbrüche der späten sechziger Jahre, und die durch den RAF Terror bestimmten siebziger. Und obschon weitherzig und großzügig, kümmerten sie sich in erster Linie um ihr eigenes Leben und das ihrer weiteren Familie.

Ihnen war die Erkenntnis in die Wiege gelegt worden, dass es nie die großen Programme, Konzepte und Ideologien waren, die letztlich die Welt und das Leben der Menschen verbesserten, sondern eher die ganz alltäglichen Dinge wie Nachbarschaftshilfe sowie Barmherzigkeit und Mitgefühl gepaart mit tätiger Hilfe. Familie Markiewski lebte ein verantwortungsbewusstes, bürgerliches Leben.

1970, als Willy Brandt in Warschau auf die Knie ging und die polnischen Menschen um Vergebung bat für die furchtbaren Verbrechen, die Deutsche an ihnen begangen hatten und darüber hinaus durch Beharrlichkeit und Ausdauer die Aussöhnung mit dem Osten vorantrieb, da waren die Markiewskis stolz in Deutschland zu leben und an dessen Aufbau nach dem Krieg mitgearbeitet zu haben. Bis zu Herberts Tod im Jahre 1987, blieben sie von Großem Leid und tiefen Erschütterungen verschont. Trotz ihres hohen Alters starb Katharina Markiewski plötzlich und unerwartet. Bis zuletzt war sie eigentlich nie ernsthaft krank gewesen. So ging sie am 23.10.2007 wie jeden Nachmittag in ihr Wohnzimmer, legte eine Schallplatte auf und machte es sich mit einer guten Tasse Kaffee, wie sie zu sagen pflegte, in ihrem Sessel bequem, um der Musik zu lauschen. Als Eva gegen siebzehn Uhr, nachdem sie fünfmal vergeblich geklingelt hatte, endlich die Haustür aufschloss, fand sie ihre Mutter friedlich im Sessel sitzend. Sie war tot. Aus dem Lautsprecher des Plattenspielers tönte es unaufhörlich: Freude, Freude, Freude, Freude ...! Katharina hatte Beethovens neunte Symphonie aufgelegt, wie so oft. Die Platte sprang genau an der Stelle, an der auf das Wort »Freude«, die Worte »... schöner Götterfunken« hätten ertönen sollen. Ob Katharina bis zu dieser Stelle noch gelebt hat weiß niemand. Denn ihr Lebenslied war an ein Ende gekommen, friedlich und ohne Sprung. Eva hat es im Nachhinein als schön empfunden, dass das Wort Freude das letzte Wort war, das hörbar über dem Leben ihrer Mutter gesprochen worden war. Und hätte sie selbst nicht zwei Tage nach dem Tod ihrer Mutter einen Sturz erlitten, der einen komplizierten Hüftbruch und einen sechswöchigen Krankenhausaufenthalt nach sich zog, so wäre Katharina Markiewski mit Sicherheit nicht einsam, nur in Gesellschaft zweier Fremder beerdigt worden.

Oder:

...

3. Kapitel:

Doch kein Gras drüber gewachsen – Bekenntnisse im Angesicht des Todes

Der freundliche alte Herr, immer adrett gekleidet, wie aus dem Ei gepellt wie man so sagt, kam mehrmals die Woche auf einen kleinen Ortsteilfriedhof in unserer Stadt. Hin und wieder unterhielten wir uns kurz über das Wetter, die neuesten Vorkommnisse in der Stadt und ähnliche Dinge. Smalltalk eben.

Mir fiel auf, dass ihm rechts ein nicht unbeträchtlicher Teil des Ohres fehlte. Er mochte wohl gut über achtzig sein und ich dachte mir, die fehlende Hälfte des Ohres wird er möglicherweise irgendwo in den Weiten Russlands gelassen haben.

Während des Sommers – wir verbringen dann manchmal unsere Pause auf einer Bank unter einem Baum – besuchte er uns öfter und unsere Gespräche wurden intensiver. So deutete er eines Tages auf einen Grabstein und meinte: »Weißt du was der mir erzählt hat ein, zwei Jahre vor seinem Tod? Der hat mir gesagt, er habe damals in der Hitlerzeit die Juden unseres Dorfes aus den Häusern geholt. Verhaftet also, verstehst du! Kannst du dir das vorstellen? Der hat arme unschuldige Menschen dem sicheren

Tode zugeführt! Weißt du was der mich gefragt hat? Er hat mich gefragt: Franz, was meinst du, wie wird der Herrgott damit umgehen, wenn ich vor ihm stehe? Und ich habe ihm geantwortet: Ich weiß es nicht Karl, ich weiß nur, dass ich froh bin nicht mit deiner Last leben zu müssen. Ja und dann ist er gestorben ein, zwei Jahre später. Was jetzt ist, weiß keiner – nur der Herrgott, wenn es ihn gibt und Karl, der weiß es auch.«

Unvermittelt und mit einem Lächeln stand er von der Bank auf: »So Jungens ihr müsst noch was tun und auf mich wartet das Essen zuhause. Bis zum nächsten Mal.« Weg war er. Und wir, mein Kollege und ich, blieben doch ziemlich nachdenklich zurück. Die Geschichte hat uns beschäftigt und wir haben noch oft darüber gesprochen.

Seine nächste Geschichte einige Wochen später war auch eine ernste, entbehrte aber nicht einer gewissen Komik. Er erzählte uns, dass er in den 1930er Jahren Mitglied der Hitlerjugend gewesen sei. Seine Eltern seien keineswegs Nazis gewesen. Um aber nicht in zu große Bedrängnis zu geraten, hätten sie sich auf den ein oder anderen Kompromiss eingelassen. So sei er auf Wunsch seines Vaters in die Hitlerjugend eingetreten, gleichzeitig aber sonntags weiterhin in die Kirche gegangen. Die Nazis aber wollten den ganzen Menschen und so legten sie verschiedene HJ Aktivitäten genau zeitgleich mit der Sonntagsmesse. Man musste sich also entscheiden am Sonntagmorgen – die HJ Uniform oder das Ministrantengewand. Unser freundlicher alter Herr erzählte uns, er habe sich für das letztere entschieden. Er sei gerne Messdiener gewesen und es habe ihm so viel bedeutet, mit dem Priester am Altar zu stehen. Er habe sich dabei immer selbst wie der Herr Pastor gefühlt und zeitweise habe er sogar Priester werden wollen. Daraus sei aber dann nach dem Krieg nichts geworden. Marie Luise sei ihm dazwischen gekommen, erzählte er und fügte verschmitzt lächelnd hinzu »Gott sei Dank«.

Aber zurück zu seiner Geschichte. Eines Tages habe er in der HJ Stunde Rechenschaft ablegen müssen, wo er am Sonntag gewesen sei. Und als er antwortete, er sei in der Messe gewesen, hätte ihm der HJ Führer eine Standpauke gehalten und eine satte Ohrfeige gegeben. »Aber«, so lachte der alte Herr triumphierend, »man sieht sich immer zweimal im Leben. Stellt euch vor, was ich gemacht habe. Ich bin nach dem Krieg einige Wochen früher aus der Gefangenschaft gekommen als dieser Kerl. Und da sitze ich am Sonntag in der Messe und gerade als der Pfarrer aus dem Evangelium vorließt, geht die Kirchentür auf und herein kommt dieser Kerl mit ernster, frommer Miene. Taucht seine Hand in das Weihwasser, bekreuzigt sich und will sich in meine Bank setzen. Da bin ich aufgestanden und habe ihm eine gescheuert, dass man es in der ganzen Kirche gehört hat. Ich war so wütend, dass mir gar nicht aufgefallen ist, dass mich alle anstarrten. Ich habe ihm gesagt: ›Freund, frag‘ nicht, warum du jetzt eine bekommen hast, frag' nicht, sonst bekommst du noch eine.‹ Da bin ich heute noch stolz drauf, dass ich das gemacht habe, diesem elenden Heuchler eine geknallt.

Aber das Beste kommt ja noch Jungens, das Beste kommt ja noch. Ein paar Tage später sprach mich unser Pastor an. Den kennt ihr nicht mehr. Pastor Niermann, ein strenger Pfarrer, der es sehr ernst nahm mit dem katholischen Glauben. Der ist 1955 gestorben. Da gab es euch noch gar nicht. Der spricht mich an von wegen der anderen Backe hinhalten usw., denn er kannte mein Vorkriegserlebnis mit diesem Kerl. ›Das hab' ich auch gedacht, Herr Pastor‹, habe ich geantwortet, aber der Kerl war zu feige und hat sich weggedreht. Glauben sie mir, ich hätte ihm dann auch noch eine auf die andere Backe gegeben. Der Pastor hat dann nur mit dem Kopf geschüttelt und gemeint es wäre schon gut, dass ich nicht Priester geworden sei. Der hatte Humor obwohl er sonst so streng war.«

Unvermittelt wie beim letzten Mal auch, verschwand unser netter alter Herr mit dem Ende seiner Geschichte. Was es wohl zu essen gab?

Ungefähr anderthalb Jahre später – wir hatten in der Zwischenzeit seine Frau Marie Luise beerdigt – hatte ich diesmal ein dramatisches Erlebnis mit Herrn Reimann, wie ich in der Zwischenzeit erfahren habe.

Ich ging wie gewohnt meiner Arbeit nach, als ich ihn keuchend, mit dem Arm abgestützt an einem Baum stehen sah. Ihm ging es nicht gut, so viel war ersichtlich. Ich stoppte den Rasenmäher, ging zu ihm hin und fragte ihn was denn los sei. Er hatte Tränen in den Augen und Todesangst. »Ich sterbe, hilf' mir, ich sterbe! Mein Herz. Es fühlt sich an als würde es jede Sekunde in meiner Brust zerspringen, bitte hilf' mir!«

»Mist!«, dachte ich. »Der Kollege ist mit dem Diensttelefon unterwegs. Den Rettungswagen kannst du also nicht rufen. Was mach ich jetzt? Kein Mensch auf dem Friedhof. Typisch, wenn man einen braucht ist keiner da.«

»Ist der Dr. Stockmann aus der Lilienstraße ihr Hausarzt?«

»Ja, ja bring mich dahin, ich kann nicht mehr, mein Herz zerspringt mir im Leib!«

Ich hievte ihn so gut und so vorsichtig es ging in den VW Bus. Als ich gerade den Motor gestartet hatte, schrie er mich unvermittelt und verzweifelt an: »Der Hitler, dieses Schwein, hat mich zum Mörder gemacht, dieses dreckige, verfluchte Schwein.« Er weinte. » Was hatte ich in Russland verloren?«, fuhr er fort. »Dieses Dreckschwein. Ich habe russische Soldaten erschossen, ich habe Menschen erschossen die mir gar nichts getan hatten und mit mir Millionen andere unschuldige dumme Jungens auch. Wir sind alle Mörder. Und was haben die alle geschrien: ›Heil, Hitler!‹ Ein verfluchtes Dreckschwein ist das!«

Die Fahrt zu Dr. Stockmann hat keine zwei Minuten gedauert. In diesen zwei Minuten beichtete mir Herr Reimann sein Soldatenleben, den Tod vor

Augen. Ich war völlig hilflos. Sein Geständnis kam so unvermittelt und überraschend, dass ich fast vergaß, mich auf den Verkehr zu konzentrieren. Ich bekam eine Ahnung davon, was *schuldig sein* wirklich bedeuten kann. Er war kein SS- Mann gewesen, keiner der hinter den Linien gewütet hatte. Nein, einfach nur Soldat und dennoch angesichts des Todes in seinen eigenen Augen ein Mörder. Furchtbar! Seine Last muss furchtbar gewesen sein. Hätte er sie sonst einem fremden Mann der sein Sohn sein könnte in einer solchen Situation gebeichtet? Ich dachte an die Novelle *Unruhige Nacht* von Albrecht Goes in dem ein Kriegspfarrer einen zum Tode Verurteilten jungen Soldaten auf die Hinrichtung vorbereiten soll. Am Abend vor der Exekution trifft er sich mit dem Chef des Erschießungskommandos, ebenfalls im zivilen Leben ein Pfarrer und von der Not geplagt, im Morgengrauen diesen Jungen erschießen lassen zu müssen. In einem langen ernsten und eindringlichen Gespräch wird den beiden klar, dass es unmöglich ist, Mensch zu sein und über diese Erde zu gehen, ohne Schuld auf sich zu laden.

Aber im Auto mit Herrn Reimann ein langes und ernstes Gespräch zu führen, dazu war keine Zeit. Ihn traf im Angesicht des Todes das Bewusstsein seiner Schuld mit voller Wucht. Und was hätte ich ihm auch sagen sollen? Wäre nicht alles neunmalkluges Geschwätz gewesen? Wie hätte ich einem Menschen der solches erlebt hat, helfen können? Erlerntes Wissen und auch angelesene Weisheit wirken oft lächerlich, wenn sie auf wirklich Erlebtes und Erfahrenes treffen.

Wie oft wird ihm seine Soldatenzeit vor Augen gestanden haben in seinem langen Leben? Wie oft wird er sich selber gesagt haben, wenn er sich Vorwürfe gemacht hat: Es war Krieg, was hätte ich denn tun sollen? Und hat er unrecht gehabt mit dieser Einschätzung? Wie soll jemand eine Antwort geben, der nie in einer vergleichbaren Situation gewesen ist, der keine Ahnung von der Todesangst im Krieg oder jemals vor der erbarmungslosen Wahl gestanden hat: Der oder ich? Ich hätte ihn freigesprochen von dem Vorwurf gemordet zu haben, ganz sicher! Aber er selbst konnte sich letztlich nicht freisprechen. Und das muss man ihm zugestehen. Niemand weiß, welche Richtung ihm sein Gewissen gewiesen hat damals im Krieg in Russland und ob er diese Richtung eingeschlagen oder dem Rat seines Gewissens zuwidergehandelt hat.

Was ich aber seit diesem Erlebnis ganz sicher weiß, ist, dass der Mensch sein Tun und Lassen, den Tod vor Augen, anders beurteilt als in Zeiten blühenden Lebens. Die Nähe zum Tod, rückt alles in ein anderes Licht.

Von hier aus zum christlichen Glauben, zur Lehre von der Vergebung der Schuld und der Gnade Gottes, ist es nicht mehr weit. Diese Einsicht hat mich damals sehr erstaunt und obwohl ich mit meinen Erlebnisberichten in keiner Weise einseitig zum christlichen Glauben Stellung beziehen möchte wurde mir klar, dass es ganz offensichtlich eine Deckungsgleichheit zwischen dem menschlichen Bedürfnis nach einem unbelasteten Gewissen und dem Angebot des Evangeliums von der Vergebung der Schuld gibt.

Herr Reimann hat seinen Herzanfall damals überlebt. Aus beruflichen Gründen bin ich ihm aber nicht mehr begegnet. Ich nehme an, dass er in der Zwischenzeit gestorben ist.

4. Kapitel:

Der Zigeunerbaron – Leben nach dem Tod

Der Grabstein Albert Möllers prangte groß und ausladend über seinen sterblichen Überresten. Ein Bild von ihm schmückte die Mitte des pechschwarzen Marmors auf dem er stolz mit einer Geige auf einer kleinen Bühne zu sehen war. Das Bild mochte wohl zwanzig Jahre alt sein und zeigte einen Mann in bestem Alter und scheinbar voller Vitalität.

Sehr alt war er nicht geworden, der Albert Möller. Geboren 1927 – gestorben 1991, stand unter seinem Namen und dem Bild aus glücklichen Tagen.

Eines Tages, ich traute meinen Augen kaum, bemerkte ich, dass der Grabstein Albert Möllers verschwunden war. Wie war das möglich? Dass Blumen und metallene Skulpturen von Gräbern gestohlen wurden um aus ihrem Schrottwert ein paar Euro zu machen, dass wusste ich ja. Aber ein Grabstein, dazu ein tonnenschwerer? War etwa nachts jemand mit einem Kran an das Grab gefahren und hatte den Stein aufgeladen? Und wenn ja – wozu? Was macht jemand mit dem Grabstein eines Fremden?

Und als wäre das Verschwinden des Grabsteines noch nicht verwunderlich genug, staunte ich noch mehr, als er eines Morgens wieder, fachmännisch befestigt und scheinbar unbewegt, an angestammter Stelle stand. Das Ganze wiederholte sich im Laufe der nächsten zwei, drei Jahre mehrmals. Manchmal lag zwischen dem Verschwinden des Grabsteines und seines plötzlichen wieder Auftauchens ein Monat, zuweilen fast ein viertel Jahr.

Die Sache ließ mir keine Ruhe und zu meiner Erleichterung entdeckte ich eines Tages einen Steinmetz der gerade dabei war, den besagten Stein erneut wegzuschaffen. Der musste für Aufklärung sorgen können. Ich fragte ihn also nach dem Sinn dieser Aktion und seine Antwort war so verblüffend und unerwartet wie einfach. Die Familie von Albert Möller hatte die vereinbarten Raten für den Grabstein nicht bezahlt. Und da der Steinmetz Grund zu der Annahme hatte, die nächsten Ratenbeträge auch nicht zu erhalten, pochte er auf den Passus eines jeden Ratenvertrages: Die Ware bleibt bis zur vollständigen Bezahlung Eigentum des Verkäufers. So also war das Hin- und Her des Grabsteines zu verstehen, dem ja eigentlich als herausragende Eigenschaft Immobilität anhaftet.

Ich muss zugeben, dass ich das Ganze ziemlich komisch fand. Nichts desto trotz erschien mir die Aktion doch völlig sinnlos, denn das ständige Hin- und

Her des Steines musste doch mittlerweile für den Steinmetz viel teurer geworden sein, als die noch ausstehenden Raten. Doch solchem Argument nicht zugänglich, verwies er mich darauf, dass es sich hierbei um eine Prinzipsache handele. Er werde auch weiterhin den Stein abholen, sollten die Ratenzahlungen nicht erfolgen und ihn wieder aufstellen, wenn sie bezahlt würden. Anders sei diesen Brüdern nicht beizukommen.

»Diesen Brüdern?«

»Ja, diesen Brüdern! Schmücken ihre Grabsteine prahlerisch mit Bildern, die sie als Schaumschläger oder Teufelsgeiger zeigen, machen auch sonst einen auf ›dicke Hose‹, aber bezahlen, bezahlen wollen sie die Chose dann nicht. Das hat man gerne! Aber nicht mit mir, ich will mein Geld sehen und wenn ich das Ding noch hundertmal abhole!«

Nun wusste ich aber immer noch nicht wen oder was er mit »diesen Brüdern« meinte.

»Diese Brüder da unten aus dem Rosenweg. Der da ist ihr Baron gewesen, der Zigeunerbaron. Alles diese glatt gegelten Typen. Wollten nur das Beste für den Vater, haben unheimlich viel Wirbel um den Grabstein gemacht bis sie sich mal einig waren, welcher es nun sein sollte. Hat Stunden gedauert. Aber wie gesagt: Wenn's ans bezahlen geht, kommt nix!«

Aha, da hatten wir's also! Albert Möller war Zigeuner gewesen oder besser ein Angehöriger der Roma, wie man sie heute nennt. Das allein, schien für den

Steinmetz alles zu erklären. Doch ihm sein Vorurteil vor Augen zu führen oder gar auszureden schien mir sinnlos und auch hier möchte ich nicht weiter darauf eingehen. Vielleicht nur so viel: Menschen die ihren finanziellen Verpflichtungen nicht nachkommen, gibt es wohl überall auf der Welt, nicht nur unter den Sinti und Roma. Und noch eins: Abgesehen von seinem üblen Vorurteil hatte der Steinmetz ja nicht mal unrecht. Was man kauft, muss man auch bezahlen. So ist das nun mal.

Damit ist die Geschichte des Grabsteines von Albert Möller erzählt. Seine eigene, sollte mir Jahre später in einer Altstadtkneipe erzählt werden.

»Tombstone« (ja tatsächlich schon wieder ein Grabstein) heißt die Kneipe in der Altstadt, benannt nach Bob Dylans Tombstone Blues, in der in loser Folge übers Jahr Bands aus der Umgebung ihr Können zum Besten geben. So auch an einem warmen Spätsommerabend 2001. Ursprünglich hatte man überlegt, das Konzert der *Gypsy Spirits* abzusagen, denn auch in meiner Heimatstadt hatten die Ereignisse des 11. September die Menschen in Schockstarre versetzt. Doch am Ende hatte man sich, wie auch an vielen anderen Orten und bei vielen anderen Veranstaltungen, dazu entschlossen, dem Leben den gewohnten Lauf nicht zu nehmen.

Begeistert saß ich also an diesem Abend mit Freunden in der Altstadt und lauschte den *Gypsy Spirits,* die es schafften Songs von Bob Dylan, Leonhard

Cohen den Stones oder Neil Young temperamentvolles oder wehmütiges Zigeunerblut beizumischen.

Nicht immer sind die Musiker die im »Tombstone« ein Konzert geben derart professionell wie die *Gypsy Spirits* an diesem Abend. Nicht nur ich war deshalb völlig begeistert. Am meisten hatte der Geigenspieler beeindruckt. So hatte man Dylans *Desolation Row* oder auch *Angie* von den Stones noch nicht gehört. Klasse!

Irgendwie ergab es sich nun, dass ich nach dem Auftritt auf ein Bierchen neben dem besagten Geigenspieler an der Theke stand. Erfreut über seinen und seiner Band Erfolg an diesem Abend und in der Hoffnung weitere Locations für neue Auftritte zu erfahren, gab er mir seine Visitenkarte: Marco Möller's *Gypsy Spirits,* darunter eine Telefonnummer, eine Mailadresse und eine stilisierte Violine. Wenn ich mal was hörte wo man spielen könne, könne ich ihn gerne anrufen.

Marco Möller – *Gypsy spirits* – Zigeunerbaron – Tombstone? Mein Denkapparat zählte eins und eins zusammen. Ich erzählte ihm von meinem Beruf und einem Grabstein auf dem ein glücklicher Geiger zu sehen sei, der Albert Möller geheißen hatte. Ob das Zufall sei oder vielleicht eine Verbindung zwischen ihnen bestehe. Zufall? Sein Vater sei das auf dem Foto und glücklich sei er sehr selten und nie ganz gewesen.

Mir schwante in groben Zügen was jetzt kommen würde. Und tatsächlich erzählte mir sein Sohn die Geschichte, die sein Vater in dunklen Stunden immer wieder erzählt hatte, weil er sie nie vergessen konnte. Eine Geschichte die eingebettet ist in die dunkelsten Abbilder der deutschen Geschichte, die aber gleichzeitig erst in ihrer Individualität das ganze deutsche Grauen jener Zeit veranschaulicht. Eine Geschichte, die in Auschwitz ihren grausigen Höhepunkt erreichte und die nur einen einzigen Zeugen übriggelassen hatte – Albert Möller.

Im Jahr 1943 war Albert Möller mitsamt seiner Familie aus seiner Heimatstadt nach Auschwitz deportiert worden. Man kann dies heute noch nachlesen in der Chronik unserer Stadt, wie ich jetzt weiß. Als einziger seiner Familie habe er die Befreiung des Lagers Auschwitz-Birkenau durch Stalins Armeen erlebt – 1945, gerade achtzehn Jahre alt.

An einem schönen, sommerlich warmen Tag (gibt es schöne Tage in der Hölle?), seien er und seine Familie an der Reihe gewesen in die Gaskammer zu gehen. Aussortiert worden seien sie, ausgezehrt und fast zu Tode geschunden, wie Vieh, dem von einem grausamen Herrn das Gnadenbrot verwehrt wird, weil seine Haut, sein Fell, seine Knochen noch ein paar Pfennige beim Abdecker einbringen. An diesem sommerlichen Tag des Jahres 1944 entsann sich ein schneidiger SS-Mann in seiner schönen Uniform und mit gewachsten Stiefeln eines Zigeunerjungen, der wie er sagte, so schön und anrührend Geige spielen konnte, dass es ihm zu Herzen ginge. Sollte dieser Mensch tatsächlich ein Herz gehabt haben und auch noch eins, dass sich anrühren ließ?

Albert Möller sollte bald erfahren von welcher Art dieses Herz war. Lächelnd schob der saubere, arische Herrenmensch den schmutzigen, lumpenbehangenen, ausgemergelten und an Leib und Seele geschundenen Zigeunerjungen zur Seite, weg von seiner Familie die unbarmherzig und unter wütenden Schreien der Aufseher in die Gaskammer getrieben wurde.

Die Szenen, die sich dann und noch hundert und tausendmal abgespielt haben, sind oft beschrieben worden, obwohl sie sich eigentlich jeder Beschreibung entziehen.

Erich Kästner hat in einem Buch einmal geschrieben, dass man Kindern nicht alles erzählen könne, was Kinder erleben. So auch hier: Nicht alles was Menschen erdulden müssen, kann man den Menschen erzählen. Es ist zu furchtbar. Und so vermeide ich auch hier mir und den Lesern die Einzelheiten dieser grausigen Szenerie auszumalen.

Die schreckliche Pointe dieser Geschichte muss aber dann doch erzählt werden, da sie sonst nicht zu verstehen ist.

Albert Möller sah, wie die Leichen seines Vaters, seiner Mutter, seiner Brüder, seiner Schwestern, seiner Großmütter, seiner Großväter, seiner Tanten, seiner Onkel, seiner Cousinen, seiner Cousins – ja seiner ganzen Sippe von Häftlingen aus der Gaskammer geholt und tot vor seine und des schneidigen Ariers Füße geworfen wurden. Auf einer von irgendwoher herbei geholten Geige wurde Albert Möller von dem lächelnden SS-Mann dazu gezwungen, über den Leichen seiner Familie fröhliche Zigeunerweisen zu fiedeln. Kann man sich das vorstellen?

Niemals mehr hat ihn dieses Erlebnis losgelassen. Oft hat er sich nachher gesagt, es wäre besser gewesen zu sterben an diesem sonnigen Sommertag in der Hölle von Auschwitz, als dieses schändliche Schauspiel aufzuführen. Oft hat er darüber geweint, sein Leben dem Henker und Mörder seiner ganzen Familie verdankt zu haben. Ein Leben, von dem der, der es ihm schenkte, genau wusste, dass es niemals mehr eines sein würde, dass ohne diesen Schrecken gelebt werden könnte und der es ihm aus sadistischen Beweggründen genau deswegen schenkte.

Aber dennoch: Albert Möller lebte und er liebte! Er fand eine Frau die sich ihm, und der er sich anvertraute! Er zeugte insgesamt fünf Kinder, drei Söhne und zwei Töchter, die seine Musikalität erbten und denen er versuchte, ein guter Vater zu sein. Wer jemals das Geigenspiel seines Sohnes Marco gehört hat und wer jemals lauschen konnte, wie der »Zigeuner« Marco Möller die Musik des Juden Bob Dylan interpretiert, dem muss der ganze Unsinn des nazistischen Rassenwahns und des Herrenmenschentums bewusst geworden sein.

Und sein »Lebensretter«?

Vielleicht ist er seinem irdischen Richter nicht entgangen, vielleicht aber doch. Dann wird er gezwungen gewesen sein, ein Leben im Verborgenen zu leben. Sein Leben ist dann eine Lüge und seine Schuld wird ihn nicht loslassen und seine letzte Unruhe wird nicht von der Art sein, wie die der aufrichtig nach Frieden für ihre Seele Suchenden. Er wird nicht Vergebung suchen, sondern Vertuschung.

Das Grauen hat Albert Möller sein Leben lang begleitet. Den Mörder seiner Familie wird es einholen – eines Tages und unwiderruflich!

Am Schluss dieser Geschichte will ich eine Zeile aus einem Song den sein Sohn Marco mit seiner Band im »Tombstone« zum Besten gab zitieren:

»May God bless and keep you always
may your song always be sung and
may you stay forever young.«

Und das, obwohl seine Kinder sich an seinem Grabstein verhoben haben.

5. Kapitel:

Bis das der Tod euch scheidet – hartnäckig verwehrtes Glück

Eine Bestatterin erzählte mir anlässlich der Beisetzung einer alten Dame deren unglaubliche Geschichte, für die sie sich verbürgte, da die Verstorbene ihre Tante gewesen sei.

Berta Wiecher erblickte im Jahr 1930 das viel zitierte Licht der Welt. In dem kleinen Eifeldorf, das sie zeitlebens nur selten verließ, erlebte sie ihre Jugend und die schweren Kämpfe der Ardennenoffensive 1944, in deren Folge der Ort mehrmals abwechselnd in amerikanische und deutsche Militärgewalt geriet. 1945 war dann der Spuk des Zweiten Weltkrieges vorbei und Berta Wiecher 15 Jahre alt.

Das Nachkriegsleben in der Eifel war genauso geprägt von Armut und Entbehrung wie an vielen anderen Orten in Deutschland. Über Wasser hielt man sich nicht zuletzt durch Schmuggel entlang der belgischen Grenze. Hauptsächlich Zigaretten und Kaffee wurden über die grüne Grenze nach Deutschland geschafft. Auch Berta beteiligte sich rege an dem verbotenen Handel.

Nun, wie jeder weiß, ging auch diese schlechte Zeit vorbei und nicht nur die Natur der Eifel erblühte im Laufe der Jahre zu neuem Leben. Mitte der fünfziger Jahre hätte man sagen können: Als das Wirtschaftswunder in die Eifel kam!

Josef Langmann hatte lange um Berta geworben. Ihre langen dunklen Haare und ihre tiefbraunen Augen hatten es ihm sichtlich angetan. Berta war für ihn nicht nur das schönste Mädchen des Dorfes, sondern der ganzen Umgebung. Zum Schluss hatte sich seine Zähigkeit in Sachen Liebeswerben doch noch ausgezahlt und er hatte alle Mitbewerber um Bertas Gunst weit hinter sich gelassen.

An der Kapelle zu Ehren des heiligen Pankratius, etwas außerhalb des Ortes auf einer Anhöhe gelegen, gab es den ersten Kuss. Da beide, wie es damals hieß, gut katholisch erzogen waren, war auch ihr erster Kuss sehr katholisch und sehr züchtig. Da beiden aber klar war, dass man den Katholizismus der Küsse nicht lange würde aufrecht erhalten können und da ein Zusammenleben ohne Trauschein in der Eifel für Jahrzehnte noch nicht mal als Idee in den Köpfen der Leute herumschwirrte, war bald klar, dass eine Hochzeit anstehen würde. In den fünfziger Jahren in der Eifel ein gesellschaftliches Großereignis.

Im schönen Monat Mai, wenn der Frühling auch endlich in der kalten Eifel angekommen ist, sollte geheiratet werden.

Direkt nach dem Krieg hatten die Männer aus dem Dorf zuallererst die Kirche wieder aufgebaut. Aus Dankbarkeit dem »Herrgott« gegenüber, den Krieg überlebt zu haben. Aber sofort nach dem Kirchbau machten sie sich an den Gemeindesaal, in der Hoffnung, dass es bald wieder etwas zu feiern geben würde. Man wollte gerüstet sein für das geteilte halbe Leid und die geteilte doppelte Freude.

Auf dieses Kirchlein und auf diesen Saal fokussierte sich an einem Maisonntag des Jahres 1955 das gesamte dörfliche Leben. Die Frauen hatten schon Tage vorher den Saal geschmückt und nun, am Abend vor der Hochzeit, wurden die ersten Kuchen und Torten herbei gebracht.

Das Hochzeitskleid hatte Bertas Freundin Gudrun schon Wochen vorher genäht. Sie war eine der wenigen jungen Mädchen, die in der damaligen Zeit auf dem Land eine Lehre gemacht hatten. Inzwischen verheiratet und Mutter eines Sohnes, war Gudrun für viele im Dorf Anlaufstelle für Änderungen aller Art an allen möglichen Kleidungsstücken. Wie gesagt, das Wirtschaftswunder war auch in der Eifel angekommen, weshalb die meisten Änderungen die Gudrun vorzunehmen hatte die Weite von Hosen, Röcken und Jacken betraf. Und sollte sich bei Berta und Josef nach dem Vollziehen der Ehe der erwünschte Erfolg einstellen, wusste Berta an wen sie sich bezüglich der Umstandsbekleidung wenden konnte.

Der Tag des »Ja und Amen«, war gekommen. Die Sonne lachte vom Himmel und die letzte Eisheilige, die kalte Sophie, hatte sich aus Rücksicht auf die Brautleute sehr zurück genommen, so dass schon am Morgen des Hochzeitstages angenehme Frühlingstemperaturen herrschten.

Natürlich hatten sich die Brautleute noch nicht gesehen und man war für 14.30 Uhr an der Kirche verabredet. Bertas Vater Rudolf würde seine Tochter mit stolz geschwellter Brust zum Altar führen. Er mochte seinen zukünftigen Schwiegersohn gerne und er war sicher, dass Berta in ihm einen guten, treuen Ehemann und einen treusorgenden Vater für ihre gemeinsamen Kinder bekommen würde. Bertas Mutter Elisabeth war ebenso froh, einen Schwiegersohn zu bekommen, als sie traurig darüber war, ihre Tochter nun ziehen lassen zu müssen – auch wenn sie nur eine Straße weiter in den Anbau von Josef Langmanns Eltern zog.

Dass Josef Langmann an diesem Tag, dem Tag seiner Hochzeit, noch arbeiten musste, hätte er sich am Vortag nicht träumen lassen. Hubert Kallsdorf, sein Chef und Besitzer des Sägewerkes im Nachbarort, hatte ihn händeringend gebeten, doch bis mittags für Karl Weyand einzuspringen, der wegen der schwierigen Niederkunft seiner Frau kurzfristig hatte Urlaub nehmen müssen. Er hatte Grund, sich sorgen um das Leben seiner Frau und ihres ersten gemeinsamen, noch ungeborenen Kindes zu machen.

Erst als Hubert Kallsdorf Josef das Versprechen gab, ihm sein Motorrad zu leihen um rechtzeitig vor der Hochzeit zu Hause zu sein, willigte Josef zähneknirschend ein und sagte seinem Chef zu, bis 12.00 Uhr mittags zu arbeiten. Er wusste um die dringende Lieferung Bretter, die unbedingt an diesem Tag fertiggestellt werden mussten.

Das geliehene Motorrad würde ihn schon pünktlich sein lassen.

Berta Wiecher hatte den ganzen Morgen bei ihrer Freundin Gudrun verbracht um sicher zu gehen, dass das Hochzeitskleid auch perfekt passte. Hier und da wurde am Stoff gerupft und gezupft und sogar noch der ein oder andere Stich genäht. Nun stand sie da – strahlend schön. Die Freudentränen kullerten über ihre Wangen. Der schönste Tag im Leben. Ihre Mutter lief aufgeregt hin und her, in dem Bemühen, nichts zu vergessen, eine Menge Unruhe verbreitend.

Gudruns Haustürklingel stand nicht still an diesem besonderen Tag. Die Frauen des Ortes brachten und fragten noch die verschiedensten Dinge. Zuletzt hatte Annemarie Kerber noch den Brautstrauß gebracht, einen schönen, frischen und duftenden Frühlingsstrauß. Im ganzen Haus ging es zu, wie in einem Hühnerstall.

»Ob auch die Hochzeitstorte schon im Saal ist?«, fragte Bertas Mutter nervös, als es fast zeitgleich an der Tür klingelte. Niemand hatte den vor der Tür vorfahrenden dunkelgrünen VW Käfer bemerkt. Gudruns Schwester öffnete die Tür und nach einem kurzen Gespräch mit dem Fahrer des dunkelgrünen Käfers, einem ebenfalls in dunkelgrün gekleideten Polizisten, stieß sie einen entsetzlichen Schrei aus.

Josef Langmann hatte auf dem Weg nach Hause die langgezogene Kurve hinter Minderscheidt unterschätzt, die Kontrolle über seine Maschine verloren und war gegen einen Baum gekracht. Nach Aussage des Polizisten muss er sofort Tod gewesen sein.

Nahezu fünfzehn Jahre waren über das Eifeldörfchen hinweg gegangen, aus dem durch die Erschließung eines Neubaugebietes inzwischen ein einigermaßen stattliches Dorf geworden war.

Berta Wiecher hatte nach langen Jahren ihre Tragödie einigermaßen verkraftet. Sie hatte nach dem Tod ihres Bräutigams eine Ausbildung zur Friseurin gemacht und verdiente jetzt in Bad Berndorf ihr Geld in einem Friseursalon. Nebenher besserte sie ihr nicht allzu rosiges Gehalt dadurch auf, dass sie in ihrem Heimatort montags und auch nach Feierabend den Frauen die Haare machte.

Manchmal verbrachte sie mit ihrer Freundin aus Minderscheidt die Samstagabende in einem Tanzcafé in Bad Berndorf. Dort hatte sie vor einiger Zeit Kurt Wollgart kennengelernt, einen Witwer, ursprünglich aus Freiburg im Breisgau stammend aber aus beruflichen Gründen seit Jahren und gerne in der Eifel sesshaft. Patricia, seine Frau, war vor fünf Jahren an Krebs gestorben. Ihre Ehe war kinderlos geblieben.

Berta war klar, dass die Liebe mit fast vierzig Jahren viel abgeklärter ist, als in jungen Jahren. Und so konnte man ihre Zuneigung zu Kurt nicht mit der zu Josef damals vergleichen. Alles war irgendwie anders, aber nicht weniger intensiv. Ruhiger eben. Kurt war liebevoll und einfühlsam und hatte Berta vor drei Monaten einen Heiratsantrag gemacht, den sie nicht ausgeschlagen hatte.

Einige Wochenenden hatten sie schon gemeinsam verbracht und dabei einige Städte bereist und besichtigt. Mit den Zeiten ändern sich auch die Moralvorstellungen. Und obwohl Berta durchaus wusste, was sich »gehört« und was nicht, wusste sie doch das in moralischen Dingen leichtere Leben der beginnenden siebziger Jahren zu genießen.

Man musste sich ja nicht gleich dem Erstbesten hingeben, aber die verstaubte Prüderie der Fünfziger hatte sie gründlich satt. Schließlich war sie erwachsen und wusste, was sie tat.

Am Tag der standesamtlichen Hochzeit waren die Brautleute um neun Uhr morgens bei Berta verabredet. Die Zeremonie sollte um 11.00 Uhr im Rathaus von Bad Berndorf stattfinden. Natürlich lief alles viel, viel ruhiger und weniger aufgeregt ab, als fünfzehn Jahre zuvor. Trotzdem nahm niemand im Haus den vorfahrenden dunkelgrünen VW Käfer wahr.

6. Kapitel:

Den Halt verloren – eine nicht gehaltene Predigt, die nun doch noch gehalten wird

Fabian Wiescheidt war achtzehn Jahre alt, als ihn jugendlicher Leichtsinn und Übermut sein Leben kosteten.

Nachts, mit Freunden unterwegs, kletterte er auf das Gerüst, dass man an der Fassade des renovierungsbedürftigen Finanzamtes errichtet hatte. Zwölf Stockwerke erklommen die fünf Freunde an der Außenhaut des Behördengebäudes. Dort oben zu sitzen, die Füße in die Tiefe baumeln und den Blick hoch über die Stadt schweifen zu lassen, eine Zigarette zu rauchen und sich dabei den Gedanken und Stimmungen hinzugeben, die einem in bierseliger Stimmung in luftiger Höhe so kommen – das lohnte doch das kleine verbotene Abenteuer.

Sicherlich hatten die Kumpels ein oder zwei Bierchen getrunken am Brunnen in der Altstadt und eigentlich wollten sie danach auf dem Heimweg nur noch auf dem Waldparkplatz anhalten, um sich am dort vorbei fließenden Bach den Mut ein wenig zu kühlen. Zusammengepfercht in Fabians altem Fiat kamen sie am besagten Gebäude vorbei. Einer von ihnen kam dabei auf die Idee, es wäre doch äußerst cool, die Nacht hoch oben auf dem Gerüst oder gar auf dem Dach des Gebäudes ausklingen zu lassen. Alle waren begeistert und Feuer und Flamme für diesen Vorschlag. Ein Parkplatz war schnell gefunden und sie empfanden es erstaunlich leicht, den Bauzaun zu überwinden und dann anschließend das Gerüst zu erklimmen. Und tatsächlich – die Aussicht von dort oben über die erleuchtete Stadt war grandios!

Es ist ja auch faszinierend und interessant, eigentlich vertraute Wege und Plätze von oben zu betrachten. Obwohl alles vollkommen vertraut ist – der Dom, das Fußballstadion, der Marktplatz –, bringt der Perspektivwechsel doch oft einige Überraschungen mit sich. Sonst zu Fuß zurück gelegte Entfernungen wirken von oben betrachtet entweder größer oder kleiner und manches Gebäude an dem man sonst achtlos vorüber geht, wirkt von hier aus fast wie eine Neuentdeckung. Ich habe diese Erfahrung einmal bei einer Ballonfahrt gemacht, bei der die große Höhe die Landschaft und die Stadt sehr verfremdete. Wirklich beeindruckend! Cliff Richard hat darüber irgendwann ein bemerkenswertes Lied gesungen: »From the distance«, in dem er räumliche Entfernung von einem Ort als Aufforderung begreift, auch die Dinge des Lebens hin- und wieder aus der Distanz zu betrachten und ihnen dadurch eine andere Gewichtung zu geben.

So lassen also ein weiter Blick und eine schöne Aussicht in der Regel die Gedanken umhertreiben. So auch an diesem Abend bei diesen Jungs. Dem Übermut und dem Stolz, hier oben zu sein, folgten leisere und besinnlichere Gedanken. Vor allem Jörg, Fabians ältester Freund, war für solcherlei Gedanken und Stimmungen empfänglich. Er war schon seit seiner Kindheit an den Sinnfragen des Lebens interessiert. Aber auch seine Freunde stimmten in die sehnsüchtigen und fragenstellenden Töne ein und bald wurde auf eine Weise das Leben erörtert, wie dies nur junge Leute tun und wie es auch nur junge Leute können. Vieles bleibt da offen und vieles rätselhaft, geheimnisvoll.

Und das muss ja auch so sein, denn es fehlt ihnen ja der ganze Erfahrungsschatz der Erwachsenen, den man braucht, um manche Frage zu beantworten. Im Rückblick denkt man ja gelegentlich an die Zeit, als man vieles noch nicht wusste und doch fast alles irgendwie für machbar hielt und trauert ihr nach.

Nun, wie auch immer, irgendwann kehrten die Freunde ins Hier und Jetzt zurück und beschlossen noch einen kurzen Erkundungsgang über das Behördendach zu machen um dann den »Abstieg« anzutreten.

Was Fabian dazu veranlasste, auf der kuppelförmigen Abdeckung des Treppenhausschachtes wie auf einem Trampolin zu springen, konnten Jörg, Markus,

Georg und Lukas später der Polizei nicht erklären. Nur dass er eben irgendwann darauf herumgesprungen sei und dabei vor Freude laut geschrien hätte. Ihnen sei die Gefahr in der Fabian geschwebt habe überhaupt nicht bewusst gewesen.

Die Sekunde in der die Plexiglasscheibe unter dem Druck von Fabians Sprüngen nachgab und zersplitterte, war dieselbe wie die, in der ihnen blitzartig bewusst wurde, dass nun unwiderruflich etwas Schreckliches passieren würde. Sie hörten Fabians Schrei in der Schlucht des Treppenhauses verhallen. Danach riss bei ihnen allen der Film. Wie sie das Dach verlassen, die Polizei verständigt und was sie bis zu deren eintreffen gemacht haben, darüber können alle vier bis heute keine Auskunft geben.

Was dann kam, kennt man aus vielen Fernsehkrimis: Flatterbandabsperrungen mit der Aufschrift Polizei, Blaulicht, dass sich in unendlich vielen Fensterscheiben spiegelt, Rettungswagen, Schaulustige, jemand der Decken und Becher mit Tee an die Jungens verteilt, ein fast unmerklich einsetzender sanfter Sommerregen der sich in den Gesichtern der Jungen mit verzweifelten Tränen der Fassungslosigkeit vermischte.

Familie Wiescheidt war in unserem Ort bekannt als eine Familie, in der der Tod und das Unglück immer reiche Beute gefunden hatten. Fabians Mutter war gestorben, als er zehn Jahre alt war. Sein Großvater, der nach zwei Ehescheidungen endlich das Glück seines Lebens gefunden hatte, dass aber wegen des Todes seiner Frau nur drei Jahre hielt, war mit der Erziehung seines Enkels heillos überfordert. Er konnte Fabian nicht die Mutter ersetzen und auch nicht den Vater, den es vor Jahren, nach der Trennung von Fabians Mutter, zur Fremdenlegion verschlagen hatte. So war der Junge praktisch auf sich allein gestellt.

Von Fabians Tod zutiefst erschüttert, ergreiste der alte Mann in wenigen Monaten nahezu völlig und musste in ein Pflegheim umziehen. Schon an der Beerdigung seines Enkels hatte er nicht teilnehmen können, weil sein Leben über ihm nun gänzlich zusammengebrochen war.

Fabians Begräbnis sprengte die Aufnahmekapazität unseres kleinen Leichenhauses bei weitem. Selbst der Friedhof drohte aus allen Nähten zu platzen. Hunderte Menschen waren erschienen um Fabian die letzte Ehre zu erweisen. Die Leichenhalle war über und über mit Blumen dekoriert. Vor dem Sarg hatte man ein Bild von Fabian aufgebaut, das ihn als fröhlichen, lachenden und etwas übermütigen jungen Mann zeigte. Wie ich später erfuhr, war es ca. einen Monat vor seinem Tod aufgenommen worden.

Vor der Leichenhalle betreuten einige Lehrer von Fabians Schule Schüler, die es nicht fertig brachten der Trauerfeier beizuwohnen.

Viele junge Mädchen mit von Tränen verlaufener Schminke und Jungens die versuchten, sie ungelenk und hilflos zu trösten. Ein unendlich trauriger Anblick. Ich hatte Fabian ja selbst gekannt, wenn auch nur flüchtig.

Als nun der Pfarrer herankam durchfuhr es mich. Hier und jetzt war seine Gelegenheit!

So voll war seine Kirche lange nicht mehr gewesen. Lauter junge Menschen in Trauer um ihren Freund und Weggefährten, viele völlig ratlos und nicht in der Lage dieses schreckliche Ereignis einzuordnen. Ihre traurigen Gesichter, ihre Tränen und ihre hilflosen, verkrampften Gesten in den gegenseitigen Tröstungsversuchen, ließen geradewegs, wie durch einen Tunnel hindurch, ihren Seelengrund erblicken.

Irgendjemand schaltete eine CD ein: »Tears in Heaven«. Ein Song von Eric Clapton an seinen Sohn, der aus dem wievielten Stockwerk auch immer, aus einem Hochhaus in den Tod gestürzt war. Was konnte passender sein?

Pfarrer Höffner war ein sehr freundlicher und stiller Mann und ich weiß, dass er als vorzüglicher Seelsorger bekannt war. Er trat an das Rednerpult, öffnete sein Buch mit der Aufschrift »Die Begräbnisfeier«, wie er es immer tat und von dem ich hoffte, er würde es heute nicht öffnen. Heute nicht! Heute keine Liturgie, keine Litaneien, keine heiligen Märtyrer, keine heilige Stadt Jerusalem! Heute nicht!

Ich bemerkte, wie ich mich im Geiste von der Situation löste und anfing leise in mich hinein, aber irgendwie doch an die jungen Leute gerichtet, zu sprechen.

»Liebe Verwandte, liebe Freunde von Fabian, liebe Mädchen und Jungs. Was für ein trauriger Anlass hat uns hier alle zusammengeführt! Ihr alle habt es gehört und, wie schrecklich, einige wenige von euch sind ja sogar dabei gewesen als es passierte. Was soll ich euch heute sagen? Wie soll ich euch heute Antwort geben auf die Frage, warum diese schreckliche Tragödie geschehen ist und ja, auch auf die Frage warum Gott so etwas zulässt. Warum? Ich weiß keine Antwort, wenigstens keine schnelle, die mit Sicherheit auch eine billige wäre.

Die Frage die mich bewegt hat beim Nachdenken über diese Ansprache an euch, und das mag euch verwundern, ist folgende: Kann die Kirche, kann ich als Pfarrer, allein meine Aufgabe darin sehen, bei einer solchen Katastrophe wie wir sie hier erlebt haben, die Hinterbliebenen zu trösten? Sicher ist es eine Uraufgabe des christlichen Glaubens, sich um die zu kümmern, die Leid tragen, die trauern oder verlassen sind. Eine Aufgabe übrigens, an der wir uns als Kirche oft verheben, weil wir nicht selten der bequemen Versuchung nachgeben, Barmherzigkeit und Mitleid zu ritualisieren und zu verwaltungstechnischen Vorgängen zu degradieren.

Doch zurück zu meiner Ausgangsfrage: Kann es wirklich nur Aufgabe von Kirche sein, zu reagieren, zu verbinden und christliches Chloroform zu verabreichen wenn das scheinbar Unvermeidliche Geschehen ist? Meine Antwort ist ein klares ›nein‹. Wir Erwachsenen müssen uns angesichts des Geschehens fragen, ob das Unvermeidliche wirklich so unvermeidlich gewesen ist. Wir müssen uns fragen, was wir unseren jungen Leuten anbieten, dass sie davon abhalten könnte sich, wenn auch unbedacht, in eine solche Gefahr zu begeben in die Fabian und seine Freunde sich begeben haben.

Nicht ohne Scham erinnere ich mich daran wie viele Stunden wir in Kirchenvorstands- und Pfarrgemeindratssitzungen damit verbracht haben, vor uns selbst zu rechtfertigen, warum wir die Türen unserer Kirche verschließen. Vandalismus, Zerstörung, Verschmutzung – das waren unsere Schlagworte. Dem musste Rechnung getragen werden. Aber haben wir dabei nicht die ganz simple und vielleicht provozierende Wahrheit außer Acht gelassen, dass unsere jungen Leute ja in die Kirche gekommen sind. Ja, sie sind hineingekommen. Sie sind gekommen, als wir nicht da waren. Vielleicht haben sie sich ja nicht getraut, zu kommen als wir da waren? Sie sind gekommen und sie haben Spuren hinterlassen, sichtbare, ärgerliche Spuren. Verschüttetes Kerzenwachs, zerkratzte Bänke, beschmierte Wände. Ich werde ihnen einige hinterlassene Parolen vorlesen. Unbefugt auf den Wänden unserer Kirche hinterlassene Spuren, die ich eigenhändig weggewischt habe: ›Gott Ist Tod!‹, oder ›Gibt Es Ein Leben Vor Dem Tod?‹ oder

›Wer Keinen Halt Hat, Kennt Kein Halt!‹ Damit haben die jungen Leute die Wände unserer Kirche beschmiert. Welch ein Sakrileg!? Sind wir nie auf den Gedanken gekommen, dass sie damit gar nicht unsere Kirche schänden, sondern uns herausfordern wollten? Herausfordern! Verstehen wir das? Jemanden auffordern heraus zu kommen! Läuft ihnen jetzt auch ein Schauer über den Rücken, wird ihnen jetzt auch plötzlich unser furchtbares Versäumnis klar?

Wir haben uns nicht herausrufen lassen, wir haben uns eingeschlossen! Und in dem wir uns eingeschlossen haben, haben wir uns von der Wirklichkeit um uns herum ausgeschlossen! Wir haben die Tür zwischen den Suchenden, den Fragenden, denen die am Anfang des Lebens stehen und die unserer Begleitung und unseres Ratschlages dringend bedürfen und uns, zugeschlossen.

Die Frage also der wir uns zu stellen haben ist gleichzeitig die Frage nach unserer Zukunft. Warum lassen wir unsere jungen Leute alleine? Weil wir dick, faul und bequem sind? Weil wir infiziert sind von modernen Ansichten über die Freiheit des Menschen?

Vielleicht weil wir, als Teil der Gesellschaft, gottlos geworden sind? Weil wir dem Leben gar nicht mehr die Fragen stellen, die es uns beantworten könnte? Weil unser Glaube verkommen ist zu sonntäglichem Ritual auf dessen korrekten Vollzug wir unser Heil setzen?

Fragen über Fragen. Trotzdem will ich noch einige stellen. Konkretere, nähergehende!

Wusste wirklich keiner aus unseren frommen Kreisen um Fabians Familiensituation?

Hat irgendjemand ihn einmal besucht oder seinen Großvater? Hat irgendjemand versucht, ihn zu gewinnen, seine Begabungen und Fähigkeiten einzusetzen, die er ja zweifellos hatte, immerhin besuchte er das Gymnasium?

Seien wir doch ehrlich, wenn wir ihn überhaupt beachtet haben, dann als voyeuristisch, interessanten Fall, als Gegenstand des Dorfgesprächs, denn ein unbeschriebenes Blatt ist er ja nun wahrlich nicht gewesen.

Sehen sie, hier genau liegt ja unser Versagen, unser aller Versagen! Wir nehmen zentrale Aufgaben unseres Glaubens ja gar nicht mehr ernst, weil sie uns wirklich Mühe bereiten würden. Weil wir herunter gehen müssten auf ein uns nicht zumutbares, wie wir es empfinden, soziales Niveau.

Wir hören jeden Sonntag die Worte Christi. Wir hören wie er sagt, wer der Höchste unter euch sein will, der sei der Diener allen. Wir hören, dass wer sein Leben erhalten will, es verlieren wird. Und ich könnte noch viele Beispiele anführen. Deshalb ist aber umso verwunderlicher, dass wir unsere Jugend allein lassen mit zeitgeistigen, gottlosen Ideologien deren unseliger Einfluss auf unsere Jugend erst dann zum Ausdruck kommen wird, wenn sie längst vergangen und durch neuen Unsinn ersetzt worden sind.

Wo sind die Pfadfindergruppen in unserer Pfarre, wo die Disco im Pfarrheim? Alles Einrichtungen in denen die jungen Leute sich früher entfalten und entwickeln oder einfach feiern konnten und jemand die schützende Hand über sie hielt. Wer bastelt, wie früher mancher Lehrer, mit den Jungs nachmittags an ihren Mopeds, welche gestandene Frau aus unserer Pfarre kümmert sich um die jungen, hübschen Mädchen? Nicht das wir uns falsch verstehen. Der tragische Tod von Fabian wäre mit an Sicherheit grenzender Wahrscheinlichkeit auch nicht verhindert worden, wenn es all' diese Dinge unter uns geben würde. Er war die direkte Folge von Übermut und fatalem jugendlichen Leichtsinn.

Trotzdem aber können, ja müssen wir seinen Tod zum Anlass nehmen, die oben gestellten Fragen zu zulassen. ›Wer Keinen Halt Hat, Kennt Kein Halt‹ – wir erinnern uns. Kann ein Satz treffender sein, um die Situation zu beschreiben? Oder wie der große Kritiker des Christentums Friedrich Nietzsche es in seinem Gedicht *Vereinsamung* ausdrückt: Wer das verlor was du verlorst, macht nirgends halt!

Aber lassen sie uns hier innehalten. Es wäre noch viel zu sagen. Nun aber ist Schweigen geboten, denn wir beerdigen jetzt Fabian, euren Bruder, Enkel, Freund. Gehen wir also und sind still, denn das sind wir ihm schuldig.«

***

Es wäre keine gute Trauerpredigt gewesen und ich bin sicher, dass die, die Pfarrer Höffner in der Kirche gehalten hat, viel persönlicher und viel tröstlicher gewesen ist als meine. Vor allen Dingen viel weniger pathetisch. Aber ich habe nur aufgeschrieben was sich angesichts meiner Eindrücke von den vielen orientierungslosen Jugendlichen in unserer Stadt und Fabians tragischem Tod und seiner Familiengeschichte, so in meinem Kopf zusammengefasst hat. Möge der Leser das so stehen lassen.

7. Kapitel:

Dichtung und Wahrheit – Josef, Gottfried, Karl und Franz

Gottfried, Karl und Franz Kreyels waren Brüder. Sie trennte vom Alter her jeweils ein Jahr. Josef Kreyels war ihr Vater. Josef betrieb eine ertragreiche Möbeltischlerei und das auch noch zu einer Zeit, als Möbel überwiegend schon industriell gefertigt und in großen Möbelhäusern verkauft wurden. Im Laufe der Jahrzehnte hatte er sich eine feste, solvente Kundschaft aufgebaut, die auf Qualität Wert legte und sich diese auch leisten konnte. Josef machte keine halben Sachen. Seine Tische, Stühle und Schränke waren für die Ewigkeit und darüber hinaus. In seiner Werkstatt hing in abgewandelter Form ein Werbeslogan der Firma Rolls Royce aus deren Gründertagen: Die Möbel der Schreinerei Kreyels sind die hochwertigsten der Welt. Wer einmal bei uns gekauft hat, der braucht sein ganzes Leben lang keine neuen Möbel mehr.

Was ihn besonders froh machte, war der Umstand, dass sein Betrieb ohne Probleme in die nächste Generation gehen würde. Karl, sein Zweitältester, hatte vor Jahren eine Tischlerlehre und kurze Zeit später seinen Meisterbrief gemacht.

Klar war, dass sie an der Firmenphilosophie auch in der nächsten Generation nichts ändern würden. Gute, solide Handwerksarbeit und nicht zusammen geklebte Tomatenkisten – das sollten ihre Möbel sein.

Vor einigen Jahren hatte das Arbeitsaufkommen die Räume in der Innenstadt zu klein werden lassen. Deswegen zog man in das neu ausgewiesene Gewerbegebiet am Stadtrand um und im Zuge dessen investierte der Familienbetrieb auch in neue moderne Geräte und Werkzeuge.

Gottfried, Josefs ältester, spielte nach einem Musikstudium in Berlin Tuba im Orchester des Stadttheaters. Vor zwei Jahren hatte er Gertrud geheiratet und seit einem Jahr war er Vater eines Sohnes: Maximilian.

Gottfried und Gertrud planten den Bau eines Eigenheimes am Rande der Stadt. Dass sie dafür Geld von der Bank benötigten, war klar. Ebenso klar war aber auch, dass sie sich auf die Hilfe des Vaters und des Bruders verlassen konnten und das nicht nur was die Tischlerarbeiten anging. »In der Familie hilft man sich!« Dieser Grundsatz war bei den Kreyels unerschütterlich. Und so wurde auch manches Baumaterial nicht von Gottfried bezahlt, sondern vom Konto seines Vaters.

Der war anfangs skeptisch gewesen, was die Berufswahl seines Sohnes anging. Gespenstische Gedanken, in denen die Worte »brotlose Künste«

kreisten, schlug er sich aber schnell wieder aus dem Kopf, als er merkte, dass sein Gottfried genau für das geschaffen zu sein schien, was er vorhatte. Außerdem hatte er immer selbst Freude an der Musik gehabt und in früherer Zeit einem Männerchor seine Baritonstimme geliehen. Später war dazu dann keine Zeit mehr gewesen.

Franz, den dritten im Bunde der Kreyels Söhne, hatte es in die große weite Welt verschlagen. Zunächst hatte Josef die Befürchtung gehabt, einen »Taugenichts« groß gezogen zu haben. Franz schien überhaupt nicht in die Familie zu passen. Er war so gar nicht einer nach dem Schlage seines Vaters. Eher still, am Lesen und an der Kunst interessiert. Er hatte einen Reisebericht von seiner ersten Italienreise ohne sich große Hoffnungen auf eine Veröffentlichung zu machen, an einen Verlag geschickt. Der verantwortliche Redakteur war begeistert. Seine Reportage wurde veröffentlicht und so langsam kam er als journalistischer Autodidakt ins Geschäft. Eine Reise von Kolumbien aus über Ecuador, Peru bis nach Feuerland wurde dann sein Durchbruch. Eine bekannte Zeitschrift wollte sein Manuskript unbedingt drukken und zum ersten Mal floss richtig Geld in seine Taschen. So viel, dass er sich für seinen nächsten Trip vom Vater kein Geld mehr borgen musste. Er war selbstständig, stand auf eigenen Beinen.

Das war einige Jahre her. Inzwischen hatte er alle Erdteile bereist und sprach vier Sprachen fließend.

Zuhause war Franz nicht mehr oft gewesen. Hin und wieder rief er kurz an. Das letzte Mal vor einigen Monaten aus Brasilien. Er hatte zu tun. Aber er wusste: Seine Familie ist da, wenn er sie braucht. Vater Kreyels, Gottfried und Karl waren stolz auf ihren Franz, auf ihren Weltenbummler. Für sie hatte er ja schon immer in einer anderen Welt gelebt, war immer ein »komischer« Kerl gewesen und anders als andere.

Neidlos aber gaben sie zu, dass ihr Bruder es geschafft hatte und zwar auf einem ganz anderen Weg als sie selber.

Josef Kreyels hatte also, als er Karl endgültig die Leitung seiner Firma übergab, allen Grund, zufrieden auf sein vergangenes Leben zurück zu blicken. Drei tolle Söhne, eine florierende Tischlerei, die sich der weitverbreiteten Neigung der modernen Zeit nach nachlässiger Arbeit widersetzen konnte. Er hatte etwas geschafft und das Geschaffte weitergegeben. Nicht nur Kapital, wie er sagte, sondern auch innere und moralische Werte. Seine Jungs waren klasse Kerle. Er liebte sie und wäre für jeden einzelnen durch's Feuer gegangen. Was jetzt kam war Lebensabend. Er hatte sich vorgenommen und es Karl auch versprochen: Er würde sich nicht einmischen in betriebliche Belange. Hier und da eine Hand helfen – okay! Aber der Chef war und sollte Karl sein.

***

Der Tag hatte begonnen wie immer. Engelbert Kummer, selbstständiger Malermeister in schlechter wirtschaftlicher Zeit, hatte einen für die Größe seines Betriebes, großen Auftrag bekommen, einen richtig dicken Fisch. Dass er katholisch war und seine Frau, die Schwester Oberin des Krankenhauses aus der Zeit vor ihrer Ehe, als sie als Mamsell im Krankenhaus tätig war, kannte und sie seitdem fromm verehrte, hatte ihm dazu verholfen, den Auftrag zu bekommen, die Krankenhausflure zu streichen. Und Engelbert Kummer konnte das Geld, das ihm dieser Auftrag einbrachte gut gebrauchen. Hatte er doch sieben hungrige, seinen Töchtern gehörende Mäuler zu stopfen.

Wie gesagt, der Tag hatte begonnen wie immer. Er packte Farbe und Handwerkszeug in den Beiwagen seines Motorrades, band die kurze Holzleiter darauf fest und machte sich auf den Weg Richtung Krankenhaus. Klaus, sein Geselle, würde sich dort mit ihm treffen.

Auch für Mechthild, seine Frau, hatte der Tag ganz normal begonnen. Sie winkte ihrem Mann hinterher, wie fast jeden Morgen. Anders als für Engelbert, stand ihr aber noch ein dramatisches Ereignis bevor.

Mechthild Kummer war eine anpackende, mutige und kluge Frau, die ihre Töchter innig liebte. Trotzdem hatte sie zeitlebens Verständnis für ihren Mann Engelbert, der doch so gerne auch einen Sohn gehabt hätte. Aber es hatte nicht sollen sein. Gott im

Himmel, die Gene oder wer auch immer hatten es so gefügt wie es nun einmal war.

Am Abend dieses Tages, der so begonnen hatte wie immer, würde sie ganz besonders froh sein, nur Töchter und keine Söhne zu haben.

Kurt Breuer steuerte fast jeden Tag das Haus der Kummers an, in Verrichtung seiner Tätigkeit als Briefträger der Reichspost. Betriebe und Unternehmen, selbst wenn sie so klein sind wie der Anstreicherbetrieb der Kummers, bekommen ja fast immer Post. Rechnungen, Werbematerial für neue Materialien und Werkzeuge, Kundenpost etc.

So auch an diesem Tag, dem 29. August 1944. Wie üblich traf Kurt Breuer im vorderen Hof des Hauses auf Mechthild Kummer, die, nachdem sie den Hof gefegt und die Wäscheleine gesäubert hatte, nun dabei war, die Wäsche auf eben diese zu hängen.

Aber diesmal war Kurt anders. Kein fröhliches »Morgen, Frau Kummer«. Er druckste herum. Er hatte etwas auf dem Herzen.

»Haben sie einen Schnaps für mich, Frau Kummer?«, fragte er.

»Was ist denn los Kurt?«, antwortete Mechthild. »Ist ihnen eine Laus über die Leber gelaufen oder geht es ihnen nicht gut?«

»Wenn's das mal wäre Frau Kummer, wenn's das mal wäre. Ich möchte sie um etwas bitten, Frau Kummer.«

»Einen Schnaps wolltest du – kannst du haben.«

»Ja, ja das auch und setzen würd' ich mich gern kurz und sie was fragen.«

Mechthild Kummers Art und Auftreten kann man sich ungefähr so vorstellen wie das der Schauspielerin Heidi Kabel. Sie nahm Kurt in ihren kräftigen Arm.

»Na dann setz' dich erstmal hin Kurt. Hier – dein Schnäpschen und nun mal raus mit der Sprache!«

Kurt verdrückte sich verlegen einige Tränen.

»Ich muss schon wieder nach nebenan Frau Kummer. Ich muss schon wieder zu Nr. 8. Das geht doch gar nicht. Das darf doch nicht sein. Ich kann das nicht Frau Kummer. Ich weiß, ich darf keine Briefe an Fremde aushändigen, aber könnten sie den hier nicht für mich zustellen? Sie können doch immer so gut trösten und sie kennen die Frau doch auch. Bitte Frau Kummer, ich war doch schon dreimal da, ich kann doch jetzt kein viertes Mal zu ihr hingehen und ihr einen solchen Brief geben!«

»Guten Tag Frau Kreyels«, sagte Mechthild als Frau Kreyels ihr die Tür öffnete, »meinen Sie, ich kann mal kurz zu ihnen reinkommen?«

Sie trat ein und die Tür fiel hinter ihr ins Schloss! Hätte jemand in der Nähe dabeigestanden, so hätte er Frau Kreyels, während sie die Tür hinter Mechthild schloss, sagen hören: »Ist es wegen Karl? Sagen sie, ist es wegen Karl?«

***

Ich habe Frau Kreyels im hohen Alter auf dem Friedhof kennen gelernt. Sie war weit über neunzig Jahre alt. Als sie gestorben war, erzählte mir meine Mutter, eine der sieben Töchter Mechthild Kummers, die unfassbare Geschichte ihres Mannes und ihrer Söhne.

8. Kapitel:

Der menschliche Makel – eine kleine traurige Geschichte zweier Menschen

Das Geräusch von lauten, dumpfen Schlägen zerriss die friedhöfliche Stille. Gerade im Begriff, meine Mittagspause zu machen, sah ich mich veranlasst nach dem Ursprung der Geräusche zu forschen, zumal sie noch von lauten Schreien begleitet wurden. Es war eindeutig, was auch immer passierte, es musste sich auf dem Parkplatz abspielen. In einiger Entfernung sah ich zwei Männer stehen, die auf diesen deuteten und mich aufforderten die Polizei zu verständigen. Ich tat es nicht. Ich wollte mir erst selbst ein Bild vom Geschehen machen.

Als ich auf dem Parkplatz ankam, bot sich mir ein herzzerreißendes Bild. Neben einem auf dem Dach ziemlich verbeulten, relativ neuwertigen Kleinwagen, saßen weinend und einander umarmend ein Mann und eine Frau auf dem Asphalt. Mich überkam ein kaum zu ertragendes Mitleid.

Es brauchte nicht viel, um sich vorzustellen, wie die beiden empfanden und was geschehen war.

Über irgendetwas mochten die zwei während der Fahrt in Streit geraten sein. Seine Wut nicht mehr aushaltend, hatte er wohl das Auto geradewegs auf den Parkplatz des Friedhofes gesteuert, war aus dem Wagen gesprungen und begann seine Wut am Dach desselben auszulassen. Er muss in Raserei geraten sein. Immer wieder malträtierte er das Dach seines Wagens mit seinen Fäusten. Sie wird es mit der Angst bekommen, die Tür aufgerissen und versucht haben wegzulaufen.

Irgendwie muss ihn das zur Besinnung gebracht haben. Er schrie ihren Namen hinter ihr her, wie jemand der über sich selbst erschrocken ist. Er schrie ihn immer wieder und forderte sie auf, dazubleiben. Er begann zu weinen, trat verzweifelt gegen die Autotür, diesmal nicht aus Wut sondern aus Verzweiflung über sich selbst, über seinen Abgrund.

Sie sank laut weinend zu Boden, legte ihre Arme auf den Asphalt und ihren Kopf darauf. Er trat zu ihr und versuchte sie aufzurichten.

»Es tut mir leid, es tut mir leid, hörst du? Es tut mir leid!«

Sie antwortete mit ihrem verzweifelten Weinen. Nach einer Weile ließ sie sich helfen. Dann setzten beide sich so eng umschlungen nebeneinander hin, wie ich sie vorgefunden hatte. Einer weinte die Schulter des anderen nass.

Da saßen zwei Menschen in ihrer ganzen Preisgegebenheit. Für mich ein zutiefst religiöser Anblick.

»Haben sie ihre Frau geschlagen?«

»Nein, nein er hat mich nicht geschlagen. Alles gut, alles gut!«

»Kann ich ihnen helfen, brauchen sie irgendwas?«

»Alles gut, alles gut! Ja, ja!«

Ich ließ die beiden alleine. Einige Zeit später sah ich sie mit ihrem Wagen auf die Straße einbiegen und sich in den Verkehr einreihen. Wie viele Episoden dieser Art würde ihre Liebe wohl noch verkraften? Wie viele hatte sie schon verkraftet?

Solche Situationen können Gedanken in einem Menschen hervorrufen, die weit über das Gesehene hinausgehen. So auch bei mir. In der unendlich traurigen Skulptur der Dasitzenden, wurde mir die Verzweiflung des Menschen an seinem Unvermögen bewusst, letztlich niemals zu können, was er gewollt hat. Das ist die Verlorenheit des Menschen, seine Einsamkeit. Ein niemals aufzulösendes Paradoxon!

»Was ist der Mensch, dass du seiner gedenkst und des Menschen Kind, dass du dich seiner annimmst?« (Psalm 8, Vers 5 [Luther]).

Ich weiß nicht warum, aber als ich die Beiden wegfahren sah, fiel mir Nietzsches berühmtes Gedicht »Vereinsamung« ein. Ich sah den Beiden hinterher und sagte es leise vor mich hin.

Vereinsamung

Die Krähen schreien
Und ziehen, schwirren flugs zur Stadt

Bald wird es schneien
Wohl dem der jetzt noch Heimat hat

Nun stehst du starr
Schaust rückwärts, ach wie lange schon
Was bist du Narr
Vor Winters in die Welt entflohen

Die Welt ein Tor
Zu tausend Wüsten stumm und kalt
Wer das verlor was du verlorst
macht nirgends halt

Nun stehst du bleich
Zur Winterwanderschaft verflucht
Dem Rauche gleich
Der stets nach kälteren Himmeln sucht

Flieg Vogel, schnarr'
Dein Lied im Wüstenvogelton
Versteck du Narr
Dein blutend Herz in Eis und Hohn

Die Krähen schreien
Und ziehen, schwirren flugs zur Stadt
Bald wird es schneien
Weh dem der keine Heimat hat

9. Kapitel:

Begegnung am Nachmittag – neue Sicht auf einen alten Mann

Es war der alten Dame anzusehen, dass es ihr schwer, fiel sich selbst und den Korb voller Blumen den steilen Weg zum Grab ihres Mannes hinauf zu bewegen. Offenbar hatte sie eine beträchtliche Hüftverletzung, die ihr das Gehen sehr beschwerlich machte. Als sie mich erblickte, sprach sie mich an.

»Junger Mann, kann ich sie mal was fragen?«

»Ja, was denn?«

»Ich komme seit Jahren zum Grab meines Mannes, aber die letzten Jahre wird es doch immer mühseliger für mich. Sie sehen ja – meine Hüfte! Nun bin ich vor zwei Jahren auch noch umgezogen und muss nun jedes Mal fast vierzig Kilometer weit fahren um hierher zu kommen. Übernächstes Jahr ist die Ruhefrist des Grabes meines Mannes ohnehin abgelaufen und deshalb wollte ich sie fragen, ob sie nicht für mich das Grab einebnen können. Ich schaffe das nicht mehr.«

Ihr geistiger Zustand stand im krassen Gegensatz zu ihrem körperlichen Befinden, so viel war aus dem Gespräch mit ihr herauszuhören.

»Das will ich gerne tun. Sie müssten mir nur zeigen, wo sich das Grab befindet.«

Ich nahm ihr den Korb mit Blumen ab und folgte ihr den steilen Berg hinauf.

Am Grab ihres Mannes angelangt, begann sie erneut zu erzählen. Sie schimpfte über ihre Behinderung, die ihr doch einiges vermassele, was sie sich noch vorgenommen hatte. Längere und weitere Urlaubsreisen könne sie seit einigen Jahren nicht mehr unternehmen, dabei sei das Reisen immer ihre große Leidenschaft gewesen. In Asien sei sie gewesen, in Brasilien bei ihrer Tochter und auch in den USA. Nach Südafrika, wo sie schon immer einmal hinwollte, werde sie nun nicht mehr kommen – der Hüfte wegen. Sie sei schließlich nie ganz ohne Schmerzen und sie befürchte, dass sie auf einer langen Flugreise ganz unerträglich werden könnten. Und dann weit ab von der Heimat und ihrem Arzt? Nein, nein, das Reisen müsse sie sich verkneifen. Schade!

»Aber nun zur Sache junger Mann. Ich wollte das Grab jetzt nochmal neu bepflanzen, aber drei, vier Wochen nach Ostern könnten sie es dann einebnen.«

Ich sagte ihr zu, sie könne sich darauf verlassen und wollte ihr mit ein paar freundlichen Worten noch einen schönen Tag wünschen.

Ganz offensichtlich betrachtete sie aber unser Gespräch noch nicht als abgeschlossen.

»Wo kommen sie denn her? Wohnen sie hier in der Gegend?«

Ich nannte ihr den Namen des Ortes in dem ich wohne.

»Na das ist ja mal ein schöner Zufall. Wissen sie, vor ganz vielen Jahren, lange bevor ich meinen späteren Mann kennenlernte, war ich mal sehr verliebt in einen großen, stattlichen Mann. Der hat dann aber später eine andere geheiratet und ist in den Ort gezogen in dem sie jetzt wohnen. Wer weiß was daraus geworden wäre und ob mein Leben dann genauso verlaufen wäre wie es nun einmal verlaufen ist?«

Etwas ungläubig aber zunehmend interessiert spitzte ich die Ohren. Ich ahnte etwas, was eigentlich überhaupt nicht sein konnte, denn solche Zufälle gibt es nicht. Mit einer indiskreten Frage wollte ich mir Klarheit verschaffen.

»Wie war denn der Name ihrer Jugendliebe. Vielleicht kenne ich den Mann ja, denn ich wohne schon lange da wo ich jetzt wohne.«

Und dann tatsächlich, wie ich es geahnt aber nicht für möglich gehalten hatte, nannte sie den Namen meines Vaters. Unglaublich, aber wahr! Ich versicherte ihr, dass wenn sie diesen hübschen, schmucken Mann geheiratet hätte, sie schon seit dreißig Jahren Witwe wäre. Woher ich das denn wisse. Offensichtlich hätte ich den Herrn ja wohl gut gekannt.

»Das können sie annehmen«, antwortete ich, »der Herr war mein Vater!«

Nun war es an ihr, überrascht zu sein.

»Nein tatsächlich – das gibt es ja gar nicht! Sie binden mir bestimmt einen Bären auf, junger Mann. Solche Volltreffer kommen doch eigentlich nur in billigen Romanen vor!«

Ich erwiderte mit der Phrase, dass die unglaublichsten Geschichten ja wohl das Leben schreibe.

Nachdem wir noch einige Minuten über ihre Jugendliebe gesprochen hatten, verließ sie nachdenklich das Grab ihres Mannes und ließ mich ebenso nachdenklich zurück.

Die Jugendliebe meines Vaters! Niemals hat er etwas davon erzählt, wie er überhaupt ein relativ schweigsamer Mann war.

10. Kapitel:

Im Vorbeigehen – unerzählte Geschichten

Von manchen Menschen, die ich beerdigt habe, weiß ich zu wenig um ihre ganze Geschichte zu erzählen. So z.B. von dem 105(!) Jahre alten Mann, der eines Tages zu Grabe getragen wurde und der tatsächlich, trotz seines biblischen Alters, eines nicht natürlichen Todes gestorben war. Sein Leben lang war er ein starker Raucher gewesen und war, wen wundert es, stolz darauf, dass das Rauchen seiner Gesundheit nichts anhaben konnte. Bis zu dem Tag, an dem er, wie eigentlich jeden Abend, in seinem Bett sitzend, genüsslich die letzte Zigarette des Tages rauchte. Es wurde die letzte seines Lebens, da sie ihm im Halbschlaf aus den Fingern glitt, was er nicht bemerkte. Er starb an einer Rauchvergiftung.

Oder die Geschichte der 18-jährigen Deborah Dube, deren Mutter aus Südafrika stammte. Gerade einmal 25 Jahre alt und hochschwanger gelangte sie in den achtziger Jahren auf abenteuerliche Weise nach Deutschland. Sie gebar ihre Tochter Deborah und verstarb kurz darauf während einer simplen Bilddarmoperation.

Deborah kam daraufhin in eine gute Pflegefamilie. Sie dankte ihren Pflegeeltern deren Mühe und Sorge damit, dass sie ihnen eine gute Tochter war, an der sie viel Freude hatten. Mit achtzehn Jahren bestand sie das Abitur mit der Traumnote 1,1.

Ihre Eltern lösten nun das vor langer Zeit gegebene Versprechen ein und spendierten ihr eine Urlaubsreise nach Südafrika, in das Land ihrer Vorfahren – Etwas, das Deborah sich schon sehr, sehr lange gewünscht hatte. Ungefähr zur Hälfte ihres Aufenthaltes in Südafrika wurde sie eines morgens ausgeraubt, vergewaltigt und ermordet in der Nähe von Johannesburg aufgefunden.

Ihre sterblichen Überreste wurden verbrannt und die Asche in einer Urne nach Deutschland überführt.

Ich grub ihr Grab und versenkte die Urne darin.

Von dem Polizisten der seine Familiensituation so aussichtslos und traurig beurteilte, dass er sich mit seiner Dienstwaffe das Leben nahm, weiß ich nur das. Und trotzdem bilde ich mir ein, ihm ein wenig näher gekommen zu sein, als ich später die Inschrift auf seinem Grabstein las. Ein Vers aus einem Lied von Wolfgang Niedecken: »Ne schöne Jrooß an all die, die unfehlbar sinn!«

Klaus Molitor reparierte in seinen und meinen jungen Jahren mein Moped. Ob spät abends oder sonntags, ob in Jeans oder Anzug- man konnte sich auf ihn verlassen. Ich habe ihm oft versprochen, ihm das irgendwann wieder gut zu machen. Wir verloren uns als Erwachsene später aus den Augen. Ich habe ihn nie wiedergesehen und erfuhr erst wieder von ihm, als ich sein Grab schaufelte. Ob nun albern oder nicht – ich habe es ganz besonders sorgfältig getan.

Hildegard König wurde nicht nur in ihrem Ort, sondern auch noch in der Predigt die der Pfarrer anlässlich ihrer Beerdigung hielt die »*Peep-Show* Oma« genannt. Im hohen Alter noch wollte sie endlich wissen, was das ist – eine *Peep-Show*! Also stolzierte sie mit ihrem Dackel Ferdinand schnurstracks in eine solche und wusste von diesem Tag an Bescheid. Ferdinand nahm im Übrigen in der ersten Reihe an ihrem Begräbnis teil.

Hubert Dombrowski befand sich auf einer Busreise nach Berlin, als ihm eine halbe Stunde vor Hannover bewusstwurde, dass er, mittlerweile achtzig Jahre alt, noch nie in einem Flugzeug geflogen war. Er nötigte also dem Busfahrer ab, ihn auf einem Rasthof in der Nähe von Hannover abzusetzen, bestellte sich ein Taxi zum Flughafen und nahm die erstbeste Linienmaschine von Hannover nach Berlin. Dort schloss er sich wieder seiner Reisegruppe an.

Er hatte sich richtig entschieden, denn ein halbes Jahr später ging er auf die Reise, die keinen Aufschub und keine Unterbrechung duldet.

Maria Gollwitz starb mit 110 Jahren. Das allein ist Grund genug sie hier zu erwähnen.

Angelika Müller blieb es nicht erspart, zwei Tage vor der Geburt ihrer zweiten Tochter ihre erste zu beerdigen.

Josef Kulm legte man Frikadellen ins Grab, weil er »die doch immer so gern hatte«. Bei Manfred Drechsler war es Hermann Hesses Steppenwolf und bei Moritz Quartz, der tödlich mit dem Motorrad verunglückte, seine Lederjacke. Jakob Lux bekam seine geliebten Gauloise Zigaretten als Marschverpflegung mit in eine andere Welt und am Grab von Karl Meuffels erschien eine Zeit lang morgens sein Freund Peter um mit ihm das gewohnte Bierchen zu trinken.